我国东部农村儿童
健康服务模式探索

——基于浙江省温岭市留守儿童的研究

吴雪文◎著

浙江工商大学出版社
ZHEJIANG GONGSHANG UNIVERSITY PRESS

·杭 州·

图书在版编目(CIP)数据

我国东部农村儿童健康服务模式探索：基于浙江省温岭市留守儿童的研究 / 吴雪文著. — 杭州：浙江工商大学出版社，2020.8

ISBN 978-7-5178-3961-3

Ⅰ. ①我… Ⅱ. ①吴… Ⅲ. ①农村－少年儿童－健康教育－研究－中国 Ⅳ. ①G479

中国版本图书馆 CIP 数据核字(2020)第 121585 号

我国东部农村儿童健康服务模式探索
——基于浙江省温岭市留守儿童的研究

WOGUO DONGBU NONGCUN ERTONG JIANKANG FUWU MOSHI TANSUO——JIYU ZHEJIANGSHENG WENLINGSHI LIUSHOU ERTONG DE YANJIU

吴雪文 著

责任编辑	厉　勇
封面设计	雪　青
责任印制	包建辉
出版发行	浙江工商大学出版社
	（杭州市教工路 149 号　邮政编码 310012）
	（E-mail:zjgsupress@163.com）
	（网址:http://www.zjgsupress.com）
	电话:0571-88904980,88831806(传真)
排　版	杭州朝曦图文设计有限公司
印　刷	虎彩印艺股份有限公司
开　本	710mm×1000mm　1/16
印　张	10
字　数	155 千
版 印 次	2020 年 8 月第 1 版　2020 年 8 月第 1 次印刷
书　号	ISBN 978-7-5178-3961-3
定　价	30.00 元

序 言

儿童是祖国的未来、民族的希望,是社会可持续发展的宝贵资源。儿童的健康直接关系到民族素质的提高和国家的长远发展。促进儿童健康发展是提高人口素质、建设人力资源强国的重要举措,是保障儿童优先、促进社会公平的必然要求,而农村儿童健康发展是实现国家乡村振兴战略的重要内容。

近年来,浙江省温岭市通过加强妇幼卫生服务体系建设、完善医疗保障制度、实施妇幼公共卫生服务项目,不断提升儿童医疗保健服务水平,保障儿童的生存和发展权益。自 2016 年起,温岭市启动探索村级儿童健康发展基地创新服务模式,并着手开展农村留守儿童健康发展研究工作。温岭市卫生健康局吴雪文科长等撰写的《我国东部农村儿童健康服务模式探索——基于浙江省温岭市留守儿童的研究》一书,作为温岭市农村儿童健康服务模式的创新成果,认真分析了温岭市留守儿童的健康问题,积极探索了当前农村儿童健康服务面临的主要任务,对部分留守儿童的健康干预和评估为进一步制定相关政策提供了依据。

我高兴地看到,本书内容丰富、研究深入。一是总结了工作经验。总结出以项目为载体、以基地为平台的创新型农村儿童健康发展服务模式,推动农村儿童健康服务向纵深发展,打通了儿童健康服务"最后一公里"。二是拓宽了研究视野,跳出温岭看东部。温岭是东部经济发达地区的典型代表,长期以来,当地农民外出经商为社会经济发展做出了一定贡献。本书关注留守儿童的健康成长,这群孩子的健康问题实质上也是东部地区留守儿童面临的共性问题。三是突出了儿童全周期健康发展。关注0—12岁儿童生理、心理、社会适应能力三个层面的健康问题，采取的健康干预措施具有全面性、针对性和有效性。

　　我希望本书能给广大读者带来启发，同时，也期待温岭市在儿童健康领域再出发，从基于农村儿童健康发展的研究走向成果转化，从典型示范引路走向更加普遍的推广应用。

舒强教授

浙江大学医学院附属儿童医院党委书记

2020年4月15日

目　录

第一章　导　论 /001

　一、本章主要内容 /001

　二、留守儿童的研究背景及意义 /002

　　（一）国内留守儿童政策背景 /002

　　（二）农村留守儿童健康服务模式研究的现实意义 /004

　三、国内外研究现状 /005

　　（一）国外学者关于儿童健康发展的研究 /005

　　（二）中国学者关于儿童健康发展的研究 /008

　四、本书研究思路和主要研究方法 /012

　　（一）基本思路 /012

　　（二）主要研究方法 /014

第二章　本书核心概念和相关理论 /016

　一、本章主要内容 /016

　二、本书核心概念界定 /016

　　（一）农村留守儿童 /016

　　（二）儿童健康发展 /017

　　（三）健康促进 /018

　三、相关理论溯源及应用 /020

　　（一）公共卫生服务均等化理论 /020

　　（二）生物—心理—社会医学模式理论 /022

　　（三）儿童发展心理学理论 /022

　　（四）团体动力学理论 /026

　　（五）增权理论 /027

第三章 浙江省温岭市农村留守儿童健康发展案例分析 /029

一、本章主要内容 /029

二、实证研究设计和实施 /030

　　（一）研究目的和方法 /030

　　（二）研究步骤 /030

　　（三）调查问卷设计 /030

　　（四）调查的实施 /031

三、实证研究调查样本的选择 /032

　　（一）最小样本量 /032

　　（二）抽样方法 /033

四、实证研究调查数据的统计和分析 /033

　　（一）调查样本的基本情况 /033

　　（二）温岭市农村留守儿童生理健康状况及影响因素分析 /037

　　（三）温岭市农村留守儿童心理健康状况及影响因素分析 /040

　　（四）温岭市农村留守儿童社会适应能力状况及影响因素分析 /045

第四章 温岭市农村留守儿童健康干预案例分析 /050

一、本章主要内容 /050

二、健康干预研究设计 /051

　　（一）提出健康干预相关问题 /051

　　（二）干预前评估 /051

　　（三）确定干预对象 /053

三、探索实施健康干预 /054

　　（一）干预前准备 /054

　　（二）个案咨询活动 /056

　　（三）团体咨询活动 /062

四、干预后评估 /085

　　（一）评估模式 /085

　　（二）评估方法 /085

　　（三）评估结果 /087

第五章 温岭市农村留守儿童健康发展促进体系建设现状及问题 /090

一、本章主要内容 /090

二、温岭市农村留守儿童健康发展促进体系建设现状 /090
（一）以政府为主导、部门联动的工作开展情况 /091
（二）"关爱儿童"活动项目开展情况 /097
（三）村级儿童健康发展基地建设情况 /098
三、温岭市农村留守儿童健康发展促进体系存在的问题 /109
（一）政策层面的问题 /109
（二）服务团队建设层面的问题 /110
（三）儿童健康活动供给层面的问题 /110

第六章　国内外儿童健康发展的经验分析 /111
一、本章主要内容 /111
二、外国儿童健康发展的经验 /111
（一）澳大利亚政府扶助处境不利儿童的经验 /111
（二）加拿大发展社区儿童健康服务的经验 /113
三、我国农村留守儿童健康发展状况 /115
（一）国内农村留守儿童健康发展的基本情况 /115
（二）重庆市农村留守儿童健康发展的经验分析 /116

第七章　进一步促进温岭市农村留守儿童健康发展的对策建议 /120
一、本章主要内容 /120
二、推进温岭市农村留守儿童健康发展促进体系建设的对策建议 /120
（一）加大政策支持力度 /120
（二）加强服务团队建设 /121
（三）增强健康活动有效性 /121
三、促进温岭市农村留守儿童健康发展的若干环节 /122
（一）促进留守儿童生理健康发展 /123
（二）促进留守儿童心理健康发展 /124
（三）提升留守儿童的社会适应能力 /125
附录1　温岭市儿童健康影响因素调查问卷 /127
附录2　温岭市"村级儿童健康发展"示范基地评估细则 /134
附录3　村级儿童健康发展基地工作制度 /137
附录4　温岭市儿童健康发展基地全年节日活动 /140
参考文献 /141
后　记 /148

第一章 导 论

一、本章主要内容

本章是本书的开篇部分,总体上讲述以下内容。

第一,介绍留守儿童产生的先决条件,即我国社会经济发展过程中因不均衡而引发的人口流动。留守儿童备受全社会关注,国家各级政府和相关部门均出台了一系列关爱留守儿童健康成长的政策和措施。同时,分析指出开展留守儿童健康发展研究,有助于促进政府有效开展公共卫生服务管理,缩小因人力资源积累不足而引发的区域性发展差距,促进社会经济发展,并有利于形成留守儿童健康成长的良好环境,促进留守儿童健康成长。

第二,查阅国内外关于儿童健康、留守儿童健康发展战略和措施的研究文献,检索 2005 年以来主题为"留守儿童"或"健康"的国内文献,将大量文献和著作进行对比分析,总结近些年来国内留守儿童研究所取得的成果和存在的不足。我国对于留守儿童的研究量大面广,有基于社会学、教育学、管理学、心理学、社会福利学等不同视角的研究,有基于社会资本理论、人力资本理论、依恋理论等不同理论的研究,有基于儿童生理、心理、社会适应能力三个不同层面的研究。当然,也存在研究内容和研究对象上的局限性,例如:研究地域以西部地区为主,东部地区较少;研究内容以政策层面居多,健康干预较少;研究对象以 7 岁以上儿童居多,7 岁以下儿童较少;等等。

第三,厘清温岭市开展留守儿童健康发展研究的基本思路,确定本书的基本框架:将儿童健康发展相关理论与实证研究相结合开展案例分析,根据分析结果有针对性地开展留守儿童健康干预项目,探析温岭市农村留守儿童健康发展促进体系的运行现状及实际问题。对比国内外儿童健康发展模式,提出进一步完善农村留守儿童健康关爱工作激励机制,促进留守儿童健康发展的对策、建议。介绍本书使用的研究方法包括内容分析法、问卷调查和实地分析法、政策分析法和比较分析法。

二、留守儿童的研究背景及意义

(一)国内留守儿童政策背景

儿童是祖国的未来,儿童健康发展关系到亿万家庭的幸福。党和政府始终高度重视儿童的健康发展,从战略高度谋划儿童发展事业。国务院印发的《中国儿童发展纲要(2011—2020 年)》,确定了健康、教育、福利、社会环境、法律保护等五个发展领域及各领域的主要目标和策略措施,以保障儿童生存、发展和受保护的权利,提高儿童整体素质。[1] 2011 年 11 月,国务院召开第五次全国妇女儿童工作会议,温家宝总理特别提出要认真解决留守儿童问题,抓紧研究相关政策措施,促进其全面健康成长。[2] 2017 年 6 月,刘延东在促进儿童健康发展座谈会上强调:要为广大儿童健康快乐成长创造良好环境和条件,对留守儿童精准帮扶,通过政府、家庭、学校、社会协同努力,营造关心爱护儿童的环境,让亿万儿童广泛、长期受益。党的十八大以来,各地各部门认真落实党中央、国务院决策部署,儿童健康福利水平显著提高,提前实现联合国千年发展目标。[3]

改革开放以来,我国沿海地区先发性经济增长和城市体制改革对劳动力的需求日益增长,人口流动成为社会经济发展的必然趋势,成为留守儿童产生的先决条件。2012 年,全国妇联在《我国农村留守儿童状况研究报告》中指出,我国农村留守儿童人数为 6102.55 万,与 2005 年全国抽样调查估算数据相比,全国农村留守儿童人数增加约 242 万。在各方力量的共同努力下,留守儿童面临的亲情缺失、生活抚育、安全保护等问题在一定程度上得到了缓解。但新的问题仍在不断出现,比如不同性别、不同年龄段儿童的特殊需求无法得到满足,祖父母隔代照料面临诸多挑战,等等。[4] 与此同时,受社会经济和卫生事业发展水平等诸多因素的影响,我国呈现出儿童健康水

---

[1] 　国务院:《中国妇女发展纲要和中国儿童发展纲要》,国发〔2011〕24 号。

[2] 　赵东花:《在全国农村留守儿童工作经验交流会上的讲话》,2011 年 12 月 1 日。

[3] 　中国文明网,http://www.wenming.cn/syjj/ldhd/lyd/201706/t20170614_4294888.shtml,2018 年 3 月 28 日。

[4] 　全国妇联:《我国农村留守儿童状况研究报告》,2012 年。

平不平衡现象。① 原国家卫计委妇幼健康服务司司长张世琨介绍说:"我国儿童营养状况存在明显的城乡差异和地区差异,特别是贫困地区的农村儿童营养问题更为突出。农村地区儿童低体重率和生长迟缓率约为城市地区的 3 至 4 倍。"②

国务院办公厅印发的《国家贫困地区儿童发展规划(2014—2020 年)》,倡导以健康和教育为重点,帮助贫困地区儿童与其他孩子一起公平"起跑"。③ 并于 2016 年初出台《关于加强农村留守儿童关爱保护工作的意见》,确立了坚持家庭尽责、政府主导、全民关爱、标本兼治的基本原则,明确部门职责。④ 民政部前部长李立国指出,政府要开展预防、监督、转介、帮扶等服务,协助监护人正确、有效地履行家庭监护职责。⑤ 原国家卫计委相继发布了《做好农村留守儿童健康关爱工作的通知》,明确加强留守儿童保健服务和疾病防治,做好农村留守儿童强制报告、医疗救治、评估帮扶等工作,做好农村留守儿童健康教育工作等五大工作任务。⑥ 2019 年 8 月国家卫生健康委妇幼司副司长沈海屏指出,投资儿童早期发展是缩小城乡和地区差距,从根本上阻断贫困代际传递的重要战略举措,强调要通过实施妇幼公共卫生服务项目,不断提高儿童医疗保健服务水平,保障儿童的生存和发展权益。

浙江省民政部门已于 2016 年 4 月底前完成新一轮排查摸底,全省农村留守儿童共计 26.56 万人,已基本建成留守儿童"一人一档"。⑦ 同年 7 月,省政府召开有关农村留守儿童专题会议,将联席会议成员从 12 个部门增加到 27 个部门。浙江农村留守儿童主要集中在温州、台州、丽水、衢州等山区,各地对留守儿童都有相应的帮扶措施。例如,丽水青田对侨留守儿童群体的教育以及犯罪预防较为关注,打造了"留守儿童"权益维护平台。温州文

---

① 卫生部:《中国 0—6 岁儿童营养发展报告》,2012 年。

② 江苏先锋,http://www.jsxf.gov.cn/jjsn_1/sndt/201402/t20140211_152695.html,2018 年 1 月 20 日。

③ 国务院:《国家贫困地区儿童发展规划(2014—2020 年)》,国办发〔2014〕67 号。

④ 国务院:《关于加强农村留守儿童关爱保护工作的意见》,国发〔2016〕13 号。

⑤ 胡浩等:《让贫困地区的孩子公平"起跑"》,《科技日报》(教育观察)第 7 版,2015 年 2 月 3 日。

⑥ 国家卫计委:《做好农村留守儿童健康关爱工作的通知》,国卫流管发〔2016〕22 号。

⑦ 浙商网,http://biz.zjol.com.cn/system/2016/05/16/021151815.shtml,2018 年 1 月 20 日。

成整合各方资源,不断扩大留守少年儿童关爱工作志愿者队伍,建立县级青少年综合服务中心,挖掘类似"周末学校"等社会组织和机构。

温岭市人民政府也出台了很多促进儿童健康发展的相关政策。2013年出台《温岭市关爱农村留守儿童工作实施方案》,2016年发布《温岭市"村级儿童健康发展"示范基地试点工作实施方案》,将留守儿童纳入重点人群服务范畴。2017年建立村级儿童健康发展示范基地建设工作领导小组,推动农村儿童健康服务。同年发布《温岭市十三五儿童发展规划》《关于切实加强农村留守儿童关爱保护工作的实施意见》,建立农村留守儿童关爱保护工作联席会议制度,形成"政府主导、家庭尽责、部门联动、群团协同、社会参与"的留守儿童关爱保护体系,通过村级儿童健康发展基地、儿童之家建设,对儿童实施全方位、全周期的健康服务,积极探索地方特色的农村留守儿童守护之路。村级儿童健康发展基地成为农村儿童健康发展工作的基层主阵地,打通了儿童健康服务"最后一公里"。

(二)农村留守儿童健康服务模式研究的现实意义

当前正处于健康中国建设的关键时期,开展留守儿童及其家庭健康促进活动,完善健康关爱措施,是政府开展公共服务管理的重要内容,是卫生服务创新的重要举措,是树立服务型政府形象的有效途径。留守儿童的帮扶离不开政府支持、家庭参与和社会合作。目前,学术界进行了大量的留守儿童健康发展研究,这些研究以西部留守儿童为主要对象,且以政策层面为主,健康干预的实践很少,关于留守儿童健康关爱的对策、建议缺乏针对性和有效性。温岭市在开展留守儿童实证调查的基础上,开展部分留守儿童健康干预实践,分析留守儿童健康层面以及政策制度层面所存在的问题并提出相应的对策,在卫生服务创新、公共卫生管理领域均有一定的战略意义。

首先,有利于留守儿童健康成长。父母在儿童成长过程中所起的作用举足轻重。由于亲子分离,留守儿童在成长过程中缺乏相应的情感支持,家庭环境支持处于劣势状态,导致可能出现各种心理和行为问题。[1] 开展农村

---

① 罗静、王薇、高文斌等:《中国留守儿童研究述评》,《心理科学进展》2009年第5期;陈旭、谢玉兰:《农村留守儿童的问题行为调查及家庭影响因素》,《内蒙古师范大学学报》(哲学社会科学版)2007年第1期。

儿童健康发展研究,深入了解农村留守儿童的健康情况,分析影响儿童健康的各类因素,为留守儿童提供针对性较强和个性化的卫生保健服务项目,有利于促进留守儿童身心健康成长。

其次,有效促进留守儿童健康环境的形成。申继亮等认为,农村留守儿童与其周围的生态环境形成了一个整体的、动态的系统,他们将影响留守儿童的健康环境分为远端环境和近端环境。在近端环境中,可能的保护因素有:良好的亲子关系、良好的同伴关系、友谊、日常积极事件等,可能的危险因素有:日常烦恼、不良的亲子关系或同伴关系等。[①] 对留守儿童健康发展的研究和干预,有利于消除不良的健康影响因素,促进构建以留守儿童为中心,家庭、学校、社区"三位一体"的社会支持网络,从而有效促进留守儿童健康环境的形成。

最后,为政府制定关爱留守儿童健康政策提供决策依据。陈旭指出,如果长期忽视留守儿童的隐性问题或情绪性问题,他们将会产生严重的行为障碍或反社会行为,因此需要对留守儿童社会性问题进行研究,这样可以更全面地了解留守儿童,并为矫治和预防这类问题行为提供理论依据。[②] 本书从儿童生理、心理、社会适应能力三个维度分析问题的成因,对留守儿童存在的健康问题进行集中筛选,寻找留守儿童健康水平与普通儿童健康水平之间的差距,对留守儿童健康问题实施干预,有效促进辖区内户籍儿童健康服务均等化,缩小因人力资源积累不足而引发的区域性发展差距,并为制定关爱留守儿童健康相关政策提供决策依据。

三、国内外研究现状

(一)国外学者关于儿童健康发展的研究

1. 国外关于儿童健康发展的研究

儿童健康一直是国际社会关注的优先主题。[③] 1989 年第 44 届联合国大

---

① 申继亮、刘霞:《留守儿童与流动儿童心理研究》,北京:北京师范大学出版社,2015年,第 6 页。

② 陈旭:《留守儿童的社会性发展问题与社会支持系统》,北京:人民出版社,2013 年。

③ 刘晓曦、王临虹、王芳、方利文:《国内外儿童健康干预评价研究的比较与启示》,《中国初级卫生保健》2017 年第 5 期。

会通过了第一部有关保障儿童权利且具有法律约束力的国际性约定——《儿童权利公约》,并于 1990 年 9 月 2 日生效。① 各国政府、国际组织、医疗保健专业机构和人员、儿童家长及全社会都会不懈努力。

(1)政策制度层面。不同国家出台了形式多样的政策和福利制度。如美国等国家无户籍管理制度,公民只要凭社会保障号就可以享受包括医疗、子女教育在内的各种社会福利,并无本地和外地的区别。美国的贫困医疗补助制度(Medid)是一项公立医疗保险计划制度,也是唯一为低收入家庭儿童提供保险金和参保途径以改善儿童健康和生长发育的医疗保险服务计划。该计划目前的服务覆盖面为 23％的 0－5 岁儿童。② 芬兰出台了《儿童福利法》,明确规定儿童权益以及政府职责,该法成为芬兰儿童保护工作者最主要的办事依据。英国是世界公认的儿童福利事业发展最完善的国家。英国国会于 1918 年通过了《妇女及儿童福利法案》,该法案对儿童的生存权、发展权、参与权等权利的保护都做出了详细的规定。③

(2)健康干预层面。社会经济迅猛发展,各项健康干预措施伴随着医疗技术的日新月异在全球范围内推广运用,儿童健康状况也随之得到很大程度上的改善,全球 5 岁以下儿童死亡率由 1990 年的 91‰降至 2015 年的 43‰,降幅达到 53％。④ 以促进儿童健康发展为目的的国内外研究有很多。例如,联合国儿童基金会发起了每年挽救数百万儿童生命的儿童生存革命,我国政府实施了"降消"项目(降低孕产妇死亡率和消除新生儿破伤风),印度政府实施了儿童疾病综合管理项目。又如,国外学者评价了在 7 个南部非洲国家实施麻疹消除计划的效果,美国学者进行了贫困儿童早期发展干预项目效果评价的研究,阿姆斯特丹国际发展研究所所长开展了菲律宾儿童早期发展项目评估。⑤ 再如,澳大利亚研究人员基于社会生态模型中的自我

---

① 李警锐:《国外留守儿童保护体系及启迪》,《平安校园》2017 年第 2 期。
② 余文海:《美国的贫困医疗补助制度与美国儿童健康》,《国外医学》(医院管理分册)2001 年第 2 期。
③ 李警锐:《国外留守儿童保护体系及启迪》,《平安校园》2017 年第 2 期。
④ World Health Organization. *Levels and Trends in Child Mortality*. Lancet,2014,243(6288).
⑤ 《促进儿童早期健康发展,不断提高全民人口素质——第二届国际妇幼保健学术大会在京召开》,《中华围产医学杂志》2006 年第 3 期。

决定理论和成就动机理论,评价儿童运动项目对澳大利亚低收入家庭儿童健康的影响。[①]

2.国外关于留守儿童健康发展的研究

(1)关于发达国家儿童保护现状的研究。杨青等指出很多西方发达国家不存在留守儿童的现象,例如美国、澳大利亚等。[②] 美国没有户籍制度,儿童权益受到强力保护。法律规定,12 岁以下的儿童必须 24 小时都处在直接监护下,否则监护人就有可能犯"忽视儿童罪",会被追究监护人责任,甚至会剥夺父母的监护权。其他人见到儿童被忽视而不举报也要承担法律责任,所以美国人特别喜欢管"邻居家的闲事"。美国的高福利国家性质和完善的各项制度,使得很多福利性质的儿童托管机构可以为忙碌的家庭排忧解难,所以儿童完全可以不用与父母分离。澳大利亚的儿童独立代表人制度,给儿童带来了更多的权利,而对父母则是规定了大量的义务。加拿大各省都有儿童保护法,如安大略省出台了《儿童福利法》;非官方社团开办的儿童健康记录卡,会将孩子的接种疫苗、受伤及过敏等情况都记录在案。[③]

(2)关于发展中国家留守儿童健康发展的研究。[④] 在亚洲和中美洲的一些发展中国家及地区,因为存在人口大规模迁移,留守儿童成为这些国家共同的议题。谢新华、张虹指出,需要在全球化的背景下解决儿童权利保护问题。联合国儿童基金会的研究发现,留守儿童在未成年怀孕、心理问题和暴力行为等问题上有更大的风险。在墨西哥,父亲的缺席使得 61% 的留守儿童存在心理问题——有被遗弃的感觉。2003 年对菲律宾的研究发现,留守儿童一般能较好地适应社会并得到有力的社会支持,父母外出没有对其社会化行为、价值观产生负面影响;而在斯里兰卡,母亲外出的留守儿童社会适应能力较差。而这些发展中国家的政府很少有计划来解决这类家庭的问题。一些儿童在不良的留守家庭环境中得不到充分的保护和监督,会出现

① 刘晓曦、王临虹、王芳、方利文:《国内儿童健康干预评价研究的比较与启示》,《中国初级卫生保健》2017 年第 5 期。

② 杨青、魏凯:《国外儿童权益保护经验之于解决留守儿童的启示》,《农村工作通讯》2013 年第 13 期。

③ 刘晓曦、王临虹、王芳、方利文:《国内儿童健康干预评价研究的比较与启示》,《中国初级卫生保健》2017 年第 5 期。

④ 谢新华、张虹:《国外移民留守儿童研究及其启示》,《山东省团校学报》2012 年第 1 期。

焦虑、困惑等心理问题。还有研究发现国外的研究更多地关注留守过程中环境对孩子的影响,他们认为留守儿童的问题往往出现在对父母外出所引起的环境变化的适应过程中。

(二)中国学者关于儿童健康发展的研究

1. 国内关于儿童健康发展的研究

(1)政策制度层面。自2006年新医改政策出台以来,国家各部委颁布了一系列政策法规,为儿童获得必要的生存、发展、受保护的机会和条件提供了政策支持。《中华人民共和国国民经济和社会发展第十二个五年规划纲要》《国务院关于发展城市社区卫生服务的指导意见》和《中共中央国务院关于深化医药卫生体制改革的意见》详细阐述了儿童保健的发展战略。[①] 2003年,我国新型农村合作医疗保险(以下简称"新农合")开始试点,城镇居民基本医疗保险(以下简称"城居保")于2007年开始试点,至2014年医疗保险基本实现了全覆盖。牟珊珊和周志凯的研究表明,新农合和城居保对儿童的短期健康状况没有显著的改善作用,城居保对儿童的短期健康绩效要优于新农合;新农合对儿童的长期健康有明显的改善作用,城居保对儿童的长期健康无明显作用。[②] 唐帆和陈俊珂认为,在我国贫困农村地区,卫生医疗资源的可及性不平等严重制约着农村儿童的健康发展,导致农村贫困家庭无法满足儿童的健康需求。[③] 儿童健康倡导促动是《渥太华宣言》明确提出的健康促进三大基本策略之一。周欢认为倡导在提高儿童健康水平中发挥着重要作用。[④]

(2)群体预防保健层面。儿童健康管理已逐渐成为国家卫生工作的关注重点,国内针对社区0—6岁儿童健康管理的研究还很少。张加能和施长春指出,社区0—6岁儿童健康管理就是要以儿童专科医院为支柱,以社区为平台,

---

① 《中华人民共和国国民经济和社会发展第十二个五年规划纲要》,2016年10月24日;《国务院关于发展城市社区卫生服务的指导意见》,2006年8月1日;《中共中央国务院关于深化医药卫生体制改革的意见》,2009年3月17日。

② 牟珊珊、周志凯:《新农合和城镇居民医保对儿童健康的绩效研究》,《社会保障研究》2017年第4期。

③ 唐帆、陈俊珂:《农村儿童健康资本投资对经济发展的重要性分析》,《金融经济》2017年第10期。

④ 周欢:《儿童健康倡导促动的研究进展》,《中国健康教育》2015年第4期。

建立社区儿童健康管理运作模式。社区具体工作由社区儿童健康管理团队实施;妇幼保健专业机构或相关医院承担对社区儿童疾病诊断的指导工作,并接受社区卫生服务机构的转诊。① 杨柳提出构建高危儿综合管理模式的策略和对策,即依托三级保健网络,建立一种以家庭为中心、以社区为基础、多学科协助参与的综合管理模式,做到高危儿及早筛查、及早干预,提高其学习能力及生活质量。② 王家军在对埃里克森的人格发展理论研究中指出,人格的发展过程是将个人的内心生活与社会任务结合起来的心理社会发展过程,提醒人们重视人生每个阶段的人格教育,以促使个体形成良好的品质,避免消极的品质。③

(3)儿童教育层面。向青认为家园合作是一种双向互动的教育方式,幼儿园与家庭的密切合作、互助共育,既促进了儿童的身心健康成长,又提高了家长素质和家教质量,从而有效发挥教育的整体效益。④ 倡导家长、教师和孩子在交流互动中一起成长,对幼儿的身心健康发展具有非常重要的积极意义。朱静在对儿童社会技能的研究中指出,现实生活中的家长和幼儿园对3—6岁儿童社会技能发展的重视程度不够,儿童社会技能发展出现了一系列问题,儿童社会技能缺陷主要有社会性退缩型和社会性攻击型两种。⑤ 王美芳等认为儿童社会技能直接影响其同伴关系、社会支持、身心健康、学业成就和未来的社会适应。⑥

2. 国内关于农村留守儿童健康发展的研究

自2005年以来,随着农民工进城务工,留守儿童成为新的弱势群体并受到学术界、政府、社会的广泛关注。大量的文献资料为开展留守儿童研究提供了宝贵的理论基础,为服务留守儿童群体提供了有效的实践经验。在中国知网页面以留守儿童的健康为主题进行搜索,共检出2049篇相关文章,其

---

① 张加能、施长春:《社区0—6岁儿童健康管理模式探讨》,《健康研究》2013年第3期。
② 杨柳:《构建高危儿综合管理模式 促进儿童健康生存与发展》,《中国妇幼保健》2015年第17期。
③ 王家军:《埃里克森人格发展理论与儿童健康人格的培养》,《学前教育研究》2011年第6期。
④ 向青:《家园合作对儿童健康发展的影响》,《科技展望》2017年第5期。
⑤ 朱静:《3—6岁儿童社会技能发展的影响因素及对策研究》,《早期教育》(教师版)2014年第9期。
⑥ 王美芳等:《儿童社会技能的发展与培养》,北京:华文出版社,2003年,第95页。

中中文文献有 1981 篇、外文文献有 68 篇。对涉及留守儿童的理论研究进行归类整理发现,现有留守儿童的研究视角主要集中在教育学、心理学和社会学三大类上。除此以外,从法学、公共管理学、经济学角度开展的研究分析相对甚少,而从公共管理学角度开展的则注重分析留守儿童的社会保障政策。关键词是"干预"的文献为 15 篇,主题与心理相关的文献总计 1207 篇,占比为 58.9%。

将中文文献进行计量可视化分析,文献年度发表量呈逐年上升趋势(见图 1-1)。研究者关注度最高的是"心理健康"和"社会支持",其中,关键词"心理健康"出现 625 次,"心理问题"出现 79 次,"社会支持"出现 36 次,"家庭教育"出现 27 次。将有关国内农村留守儿童健康发展研究的文献进行归类整理,综述如下。

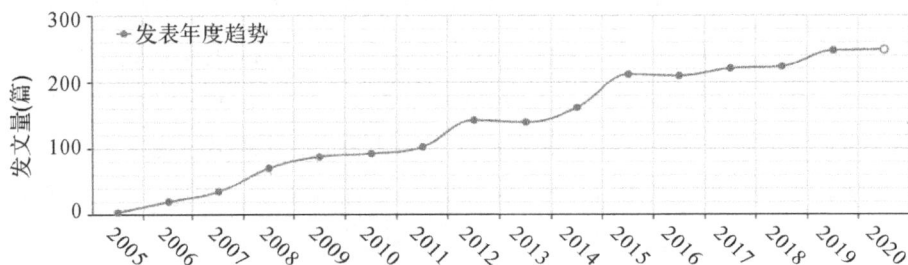

图 1-1　留守儿童健康主题年份文献发表年度趋势[①]

(1)基于不同视角的研究。任运昌在《农村留守儿童政策研究》一书中,从社会学、教育学与管理学视角对我国中西部农村地区留守儿童政策的实施效应、问题困难,以及发展创新进行深入研究,为中国儿童政策研究与实践的本土化发展提供有效参考。[②] 南开大学周政学院教授万国威从社会福利角度分析西部留守儿童在社会福利转型下的福利多元建构,提出我国儿童福利制度的改革方略和建设思路。[③] 宜宾学院法学院教授陈世海从社会工作视角,在《西部留守儿童社会工作综合服务体系研究》一书中对构建西

---

① 中国知网,http://202.107.238.11:8001/rwt/ZGXSQWQK/http/NNYHGLUDN3WXTLUPMW4A/kns/Visualization,2020 年 2 月 28 日。

② 任运昌:《农村留守儿童政策研究》,北京:中国社会科学出版社,2013 年,第 37 页。

③ 万国威:《社会福利转型下的福利多元建构:西部农村留守儿童的实证研究》,北京:中国社会科学出版社,2016 年,第 72 页。

部留守儿童学校、农村、城市社区社会工作综合服务体系做出了思考,①并在《留守儿童社会服务方法》一书中详细阐述了促进家庭教育、亲子沟通、同伴交往的社会服务经验和方法。② 北京师范大学教授申继亮对留守儿童与流动儿童开展了心理研究,全面更新与补充了至2014年为止近10年有关于留守儿童心理方面的最新研究数据与结论,从心理与行为研究的角度与方法,分析了留守儿童心理发展现状。③ 周宗奎等基于教育学视角的研究表明,农村"留守儿童"在父母外出务工后,年龄越小表现出来的心理问题越突出,比较常见的集中在情绪问题、交往问题等。④ 也有不少研究者从心理学视角分析个体情绪和个性等心理行为因素在健康保持和疾病发生、发展、变化过程中的影响作用及其规律,主要是通过心理测量工具来分析留守儿童的心理和人格特征。

(2)基于不同理论的研究。刘忠雪等基于社会资本理论,开展留守儿童卫生服务利用相关社会学因素的研究,将社会资本理论引入公共卫生领域,与医疗卫生服务的热点研究领域,如社区卫生服务发展、社会性弱势群体的健康公平维护策略等有机结合,探讨和研究留守儿童对预防、医疗、健康促进等卫生服务利用的可及性。⑤ 唐帆和陈俊珂基于人力资本理论的研究指出我国贫困农村地区儿童健康状况不容乐观,很多儿童面临身体发育和智力发育滞后、营养不良和疾病等健康问题。 如果这些问题得不到解决,将会严重影响农村儿童的健康成长。⑥ 谭志阳、杨磊等基于依恋理论视角进行儿童心理问题成因分析,开展农村留守儿童发展困境研究。

(3)基于不同内容的研究。包括儿童生理、心理、社会适应能力三个不

---

① 陈世海、詹海玉:《西部留守儿童:社会工作综合服务体系研究》,北京:中央编译出版社,2017年,第15页。

② 陈世海:《留守儿童社会服务方法》,北京:中央编译出版社,2015年,第83页。

③ 申继亮、刘霞:《留守儿童与流动儿童心理研究》,北京:北京师范大学出版社,2015年,第96页。

④ 周宗奎、孙晓军、刘亚:《农村留守儿童心理发展与教育研究》,《北京师范大学学报》(社会科学版)2005年第1期。

⑤ 刘忠雪、崔文香、金桂花:《留守儿童卫生服务利用相关社会学因素——基于社会资本理论》,《中国卫生事业管理》2013年第8期。

⑥ 唐帆、陈俊珂:《农村儿童健康资本投资对经济发展的重要性分析》",《金融经济》(理论版)2017年第5期。

同层面的研究。生理健康层面,如巫文辉、周丽英等研究亲子分离对子女身体生长发育和身体健康的影响,父母外出务工可能导致对子女的义务监督和生活的照顾发生了改变,而留守儿童由于缺少自理能力导致其生活质量出现下降,进而对身体健康产生负面影响。[①] 心理健康层面,如常青等人的研究表明,在长期隔代抚养或其他监护人的监护下,留守儿童比一般儿童更易产生心理上的疾病,如自闭、自卑、孤独感等情绪。[②] 社会适应能力层面,如马良指出,留守儿童家庭内部支持严重不足、家庭外部支持空白点很多。[③] 刘晓慧等人发现,留守儿童社会支持总分、主观支持和支持利用度的得分较低;留守儿童得到的社会支持,尤其是感受到的主观支持越多,利用社会支持稳定情绪的能力越强。[④]

四、本书研究思路和主要研究方法

(一)基本思路

农村留守儿童健康关爱工作是积极推进健康中国建设的一项重要举措。原国家卫计委印发的《农村留守儿童健康关爱工作方案》明确指出:加强农村留守儿童健康关爱工作,已成为当前一项重要和紧迫的任务,关乎家庭幸福,关乎社会和谐稳定。要求各地以促进未成年人的身心健康为出发点,开展留守儿童及其家庭健康促进活动,完善健康关爱措施,促进留守儿童身心健康、全面发展。[⑤]

同时,通过儿童健康管理实践发现,尽管各地贯彻中央关于建立健全农村留守人群,尤其是留守儿童关爱服务体系的精神,按照《国务院关于加强农村留守儿童关爱保护工作的意见》落实相关工作措施,在一定程度上提高留守儿童关爱服务力度;但应当看到,我国县级市留守儿童健康关爱服务体

---

① 巫文辉等:《农村留守儿童健康问题现状研究》",《当代体育科技》2017 年第 7 期。
② 常青、黄福康:《农村留守儿童人格特征初探》,《教育学术月刊》2008 年第 2 期。
③ 马良:《构建留守儿童的"多元"社会支持系统——对温州市义务教育阶段留守儿童的实证研究》,《华东理工大学学报》(社会科学版)2010 年第 5 期。
④ 刘晓慧、杨玉岩、哈丽娜、王晓娟、李秋丽、戴秀英:《留守儿童情绪性问题行为与社会支持的关系研究》,《中国全科医学》2012 年第 28 期。
⑤ 中华人民共和国国家卫生和计划生育委员会公报:《国家卫生计生委关于做好农村留守儿童健康关爱工作的通知 》,2016 年 5 月 25 日。

系在实际运行过程中仍存在问题,需要认真研究并加以完善。

目前国内对留守儿童的实证研究以小学(7—12 岁)和中学(13—18 岁)年龄段的学龄期儿童居多,学龄前期(0—6 岁)的研究很少。儿童早期良好的个性、社会性和情感性的全面发展,对其一生的成长和整个社会的进步影响巨大。而在婴儿期之后的各个阶段,影响他们社会化的载体可能是断裂的,如幼儿期到儿童期(1—6 岁)家庭是最主要的社会化载体,影响学龄期(7—12 岁)儿童社会化的主要载体则是社区和学校。[①] 因此,本书在研究对象的设计上包含儿童全周期,0—12 岁儿童都是研究对象,涉及的测量工具根据儿童生长发育和认知发展的特点进行相应设置,干预项目也是针对不同年龄儿童存在的问题进行干预指导。

本书在研究视角和研究方法的设计上,尤其是对留守儿童健康服务模式和服务内容的研究兼顾系统性、全面性和有效性的特点。在研究视角上注重多学科交叉,融合公共管理学、心理学、社会学的理论和研究方法,分析留守儿童生理、心理、社会适应能力三个层面的健康影响因素,基于卫生事业管理学视角开展卫生服务需求评估,以促进卫生服务有效供给。

本书的基本研究框架是:将儿童健康发展相关理论与实证研究相结合,通过深入调查和分析,了解温岭市农村留守儿童健康状况和健康影响因素,开展部分留守儿童健康干预项目,探析温岭市农村留守儿童健康发展促进体系运行现状及实际问题,在与澳大利亚、加拿大两国和我国重庆地区儿童健康发展模式对比的基础上,有针对性地提出进一步完善农村留守儿童健康关爱工作激励机制、促进留守儿童健康发展的对策和建议。

本书研究也存在一定的局限性。一是采用调查问卷法开展的温岭市留守儿童健康发展实证研究,调查范围局限在一个县级市的 9 个镇(街道),由于区域范围和全国范围的大区域具有一定的区别,因此不能代表其他区域的留守儿童健康情况;同时,有效调查问卷仅为 950 份,未必能完全反映该县级市儿童的基本情况。二是对留守儿童的健康干预,只是探索性地选择一所小学和一个村级儿童健康发展基地(村、居)开展项目研究,干预项目主要针对心理健康层面的问题,且干预对象年龄局限在7—12岁。因考虑到干预

① 江立华、符平等:《转型期留守儿童问题研究》,上海:上海三联书店,2013 年,第 51 页。

对象的依从性和项目的可操作性,对 6 岁以下留守儿童的干预本书未涉及。温岭市对 1—3 岁儿童的干预项目于 2019 年底启动实施,还处于实施过程中,未形成研究报告。三是留守儿童健康干预项目涉及的群体范围小,在总结干预经验的同时,有待进一步扩大干预对象人群范围,让更多的留守儿童受益。

(二)主要研究方法

当前,学术领域针对留守儿童的研究方法主要是实证调查,主要工具是问卷测量和深度访谈。实证取向的研究在留守儿童领域非常适用,既能从个体、群体层面分析材料,反映问题,又可以经归纳形成理论解释,以保障结论的客观性和普遍性。[①] 本书针对不同的研究内容采取不同的研究方法。

1.内容分析法

内容分析法是对文献内容进行客观、系统、量化分析的一种科学研究方法。所谓内容,是指各种语言符号的意义,根据信息处理过程中的主观理解加以系统化分析。[②] 对国内外儿童健康发展现状的研究,从研究内容和文献计量上进行研究分析,以及对农村留守儿童、儿童健康发展的核心概念和相关理论方面的研究,主要运用的是内容分析法。

2.问卷调查和实地分析法

问卷调查是实证研究的主要工具。[③] 开展温岭市留守儿童健康发展的研究,首先要弄清楚留守儿童与非留守儿童的健康状况存在什么差别,留守儿童的健康状况存在哪些问题。本书设计了温岭市儿童健康影响因素调查问卷,并在 9 个镇(街道)实施了调查(具体调查实施过程见第三章),以了解留守儿童的基本情况、与外出务工父母的沟通交流情况,以及留守儿童在生理、心理、社会适应能力三个层面的健康水平,并对部分学校、社区、相关政府部门开展了实地研究,对留守儿童健康干预项目中的部分留守儿童实施了个案研究。

[①] 陈世海、詹海玉等:《西部留守儿童社会工作综合服务体系研究》,北京:中央编译出版社,2017 年,第 46 页。

[②] Kinberly A. Neuendorf. *The Content Analysis Guidebook*. Thousand Oaks,CA:Sage Publications,2002:23。

[③] 陈世海、詹海玉等:《西部留守儿童社会工作综合服务体系研究》,北京:中央编译出版社,2017 年,第 48 页。

3.政策分析法

从国家到地方政府,以及各类社会组织,针对留守儿童都出台并实施了各种政策措施和行动项目,如寄宿制学校、代理家长、各类留守儿童关爱项目等,多方齐力既较好地营造出关爱留守儿童的良好社会氛围,也一定程度上弥补了留守儿童亲情不足、教育不足等问题,促进了留守儿童健康状况的改善。但这些政策措施存在系统化不足、形式化明显、持续能力欠缺等问题。[①] 本书运用政策分析的方法,探讨各级政府和社会组织对农村留守儿童的服务政策和关爱举措,分析存在的问题,提出进一步促进温岭市农村留守儿童健康发展的对策建议。

4.比较分析法

比较分析法是对物与物之间和人与人之间的相似性或相异程度进行研究与判断的方法。比较分析法可以理解为是根据一定的标准,对两个或两个以上有联系的事物进行考察,寻找其异同,探求普遍规律与特殊规律的方法。本书通过对澳大利亚、加拿大两国和我国重庆、宁夏、温岭留守儿童健康发展模式的发展概况和经验进行比较分析,为制定进一步促进温岭市留守儿童健康发展的政策提供依据。

---

① 陈世海、詹海玉等:《西部留守儿童社会工作综合服务体系研究》,北京:中央编译出版社,2017年,第48页。

第二章　本书核心概念和相关理论

一、本章主要内容

本章对农村留守儿童、儿童健康发展的基本概念给予界定。研究了公共卫生服务均等化理论、生物—心理—社会医学模式理论、儿童发展心理学相关理论、团体动力学理论、增权理论等理论的形成、主要内容、应用以及局限性,是整个研究的基础部分。

第一,留守儿童界定为父母双方外出务工或一方外出务工半年及以上,无法正常与父母共同生活的不满 14 周岁未成年人。儿童健康发展的定义:是指儿童在成长过程中,不仅身体能抵御疾病,而且心理、社会适应能力、思想道德也能得到持续健康的发展,即生理、心理、心灵上的全面发展。

第二,公共卫生服务均等化理论的运用在于如何实现留守儿童享受健康服务的公平、公正和机会均等。儿童健康发展研究的理念构架是基于生物—心理—社会医学模式对人的生物、意识和社会这三重属性分析,构建了留守儿童在生理、心理和社会适应能力三个层面的健康因素。儿童发展心理学中的依恋理论、皮亚杰认知发展理论和埃里克森人格发展理论则从儿童动态的成长过程加以运用和分析。以上理论构建了留守儿童健康发展实证案例的理论基础。

第三,团体动力学理论和增权理论,则用于指导温岭市留守儿童健康干预实践。通过开展团体小组活动,帮助留守儿童获取外部资源,增强留守儿童权能,从而激发留守儿童内在优势,达到留守儿童健康干预的工作目标。

二、本书核心概念界定

(一)农村留守儿童

当前,我国学术领域对留守儿童的界定并不统一,主要分歧在于以下三个方面:一是父母双方外出还是单方外出?江立华等将父母双方外出的儿童认定为完全型留守儿童,将父母单方外出的儿童认定为半留守儿童。[①] 二是父母外出多长时间才能认定为留守儿童?大多数学者支持以半年为界,这个时间节点与我国人口普查认定流动人口的时间相吻合。三是留守儿童的年龄如何界定?《联合国儿童公约》的儿童年龄标准为 0—18 周岁。我国法律规定,不满 1 周岁属于婴儿,1 周岁以上不满 6 周岁属于幼儿,6 周岁以上不满 14 周岁属于儿童,14 周岁以上不满 18 周岁为青少年(12—16 岁为少年);还有另一种视角,不满 18 周岁都是"未成年人"。医学界则以 0—14 岁的儿童为儿科学的研究对象。国务院在《关于加强农村留守儿童关爱保护工作的意见》中将留守儿童定义为父母双方外出务工或一方外出务工另一方无监护能力、不满 16 周岁的未成年人。[②] 国内学术领域一提到留守儿童,虽没有添加定语,也都默认为农村留守儿童。[③] 陈旭认为这种现象会促使城市留守儿童成为一个"被遗忘的角落"。而本书将留守儿童界定为:父母双方外出务工或一方外出务工半年及以上,无法正常与父母共同生活的不满14 周岁未成年人。

(二)儿童健康发展

儿童健康发展的广义概念包含了经常出现在"健康"大标题下的所有范畴。WHO(世界卫生组织)在 1948 年给出了健康的社会定义,即"健康不仅是没有疾病和虚弱,而且是一种个体在身体上、精神上、社会上完全安宁状态"[④]。1990 年 WHO 对健康的阐述是:在躯体健康、心理健康、社会适应良好和道德健康四个方面皆健全。[⑤] 躯体健康是指身体上没有疾病或虚弱。心理健康是指一种持续的积极发展的心理状况,在这种状况下主体能做出

---

① 江立华、符平等:《转型期留守儿童问题研究》,上海:上海三联书店,2013 年,第 9—10 页。

② 国务院:《关于加强农村留守儿童关爱保护工作的意见》,国发〔2016〕13 号。

③ 陈旭:《留守儿童的社会性发展问题与社会支持系统》,北京:人民出版社,2013 年,第 68—69 页。

④ 郭永松、董恒进、曹启峰:《公共卫生服务教学理论与方法》,北京:人民卫生出版社,2015 年,第 17—18 页。

⑤ 郭荣胜、李鑫元:《浅谈医学博士生心理问题分析及对策》,《牡丹江医学院学报》2011 年第 2 期。

良好的适应,能充分发挥身心潜能,而不仅仅是没有心理疾病。① 社会适应能力是指对复杂多变的社会环境做出适合生存的反应能力,包括生活能力、学习能力、劳动能力、人际关系能力、独立思考能力、判断问题与解决问题的能力。② 道德健康是指道德认识、道德情感、道德行为均符合道德要求,能认识道德规则和意义,运用一定的道德标准评价自己和别人的言行,按照社会认可的标准产生涉及道德意义的行为。③

对于儿童健康来说,通常有几种不同的方式来理解这个领域,而这些概念中的每一个都在强调,评价健康与幸福成长时考虑多重领域共同起作用是非常重要的,来自不同学科的学者们和政策制定者们已就扩展儿童健康的定义问题达成了一致意见:近期教育学家们加入了身体与情感健康的概念;健康学家们又引入了情感健康、人际交流、亲情关系的概念;而经济学家们除关注以上这些因素外,还考虑了人类的资金指标;同时,心理学家们纳入了诸如认知、社交及情感等更多发展方面的因素。

关于正常的发展轨迹应由哪些因素组成的问题,在最近 10 年间,研究者、医师和政策制定者们发现越来越多的儿童被认为并没有进入理想的发展轨迹。越来越多的学者持续关注并着手开展儿童的健康状况、健康水平以及促进儿童健康成长的健康环境等研究。

本书对儿童健康发展的定义:是指儿童在成长过程中,不仅身体能抵御疾病,而且心理、社会适应能力、思想道德也能得到持续健康的发展,即生理、心理、社会适应上的全面发展。

(三)健康促进

健康促进一词最早出现在 20 世纪 20 年代的公共卫生文献中,在 20 世纪 80 年代后开始受到重视。国际上公认的健康促进定义有三个。④

(1)在 1986 年世界第一届健康促进大会上发表的《渥太华宪章》中是这样描述的:健康促进是促进人们提高、维护和改善自身健康的过程,是协调

---

① 卢家楣等:《心理学—基础理论及其教育应用》,上海:上海人民出版社,2004 年,第654 页。
② 陈世海:《留守儿童社会服务方法》,北京:中央编译出版社,2015 年,第 162 页。
③ 卢家楣等:《心理学—基础理论及其教育应用》,上海:上海人民出版社,2004 年,第478 页。
④ 李鲁编、施榕著:《社区预防医学》,北京:人民卫生出版社,2008 年,第 109 页。

人类与环境之间关系的战略,规定了个人与社会对健康各自所负的责任。主要强调其对于提高人类健康水平的意义。

（2）美国健康教育学家格林（Lawrence W. Green）教授指出:健康促进是指一切能使行为和生活条件有益于健康改变的教育与环境和支持的综合体,阐述了健康促进是"健康教育＋环境＋支持"的观点,是一个指向行为和生活条件的"综合体"。

（3）1995 年世界卫生组织西太区办事处重要文献《健康新视野》（*New Horizons in Health*）提出,健康促进是个人与其家庭、社区和国家一起采取措施,鼓励健康的行为,增强人们改进和处理自身健康问题的能力。他进一步强调了改进健康相关行为的问题是一个社会问题,必须由个人、家庭和社区共同推动。

健康促进的内容包括:一是涉及全人群健康;二是对危险因素开展健康干预;三是采用多学科、多手段的综合方法促进群体健康;四是特别强调群众的有效和积极参与;五是主要作用于卫生和社会领域,而非单纯的医疗服务,包括广泛的专业合作。[1]

健康促进的五个活动领域包括:一是制定能促进健康的公共政策,要求由政府部门制定促进健康的政策,非卫生部门实行健康促进政策;二是创造支持的环境,强调必须创造安全、满意和愉快的生活和工作环境,系统地评估环境对健康的影响;三是加强社区的行动,充分发挥社区力量,使其积极参与卫生保健计划的制定和执行,赋予社区当家做主,积极参与和主宰自己命运的权利;四是发展个人技能,通过提供健康信息、健康教育和帮助提高生活技能支持个人和社会的发展;五是调整卫生服务方向,要求个人、社区组织、卫生专业人员、卫生服务机构和政府共同承担,卫生部门不仅要提供临床治疗服务,还必须坚持为全人群的健康服务,立足于把对一个完整的人的总的健康需求作为服务对象。[2]

张保中等对我国农村留守儿童健康促进策略进行探析,分析了我国农村留守儿童的健康问题,认为由于监护错位、教育缺失、安全不保等原因,留守儿童在心理健康、社会适应能力和道德健康等方面出现了一些问题,应在

---

[1] 李鲁编、施榕著:《社区预防医学》,北京:人民卫生出版社,2008 年,第 109 页。
[2] 李鲁编、施榕著:《社区预防医学》,北京:人民卫生出版社,2008 年,第 110 页。

法律保障、强化政府职能、确保家庭基础功效、发挥学校主干教育作用方面采取有效的健康促进措施，以积极推动"家庭—学校—社会—政府—个人"的合力模式。①

三、相关理论溯源及应用

(一)公共卫生服务均等化理论

2006年3月党的十届人大四次会议上通过的《"十一五"规划纲要》，首次明确提出了"基本公共服务均等化"的概念。② 2017年3月1日，国务院正式印发了《"十三五"推进基本公共服务均等化规划》，重点是保障人民群众得到基本公共服务的机会，而不是简单的平均化。③ 从我国的基本国情来看，基本公共服务均等化主要包含基本医疗卫生、基本公共教育、基本劳动就业创业、基本社会保险、基本社会服务、基本住房保障、基本公共文化体育、基本残疾人服务等8个领域的81个服务项目。

关于"公共卫生"的概念，最早是由美国耶鲁大学教授温斯洛提出的。1920年，温斯洛以保护社会成员健康的视角，并从公共卫生的本质、工作范围以及公共卫生的目的出发，强调指出"公共卫生是一门预防疾病、延长寿命、促进健康的科学和艺术；它旨在确保每一个社会成员维持健康的生活标准，实现其与生俱来的健康和长寿权利，而具体的做法可以是通过有组织的社会努力，对环境卫生进行改善，控制人群中传染病，教育人们不断改善个人卫生习惯，组织医护人员对疾病做出早期诊断，提供治疗服务，并建立社会体制"。此定义后被世界卫生组织所采纳，并一直沿用至今。④

公共服务均等化是公共财政的基本目标之一，政府要为社会公众提供基本的、在不同阶段具有不同标准的、最终大致均等的公共物品和公共服

---

① 张保中、许良：《我国农村留守儿童健康促进策略探析》，《农业考古》2011年第6期。

② 中国新闻网：《中国国民经济和社会发展"十一五"规划纲要》，http://www.chinanews.com/news/2006/2006-03-16/8/704064.shtml，2006年3月16日。

③ 中国政府网：《国务院印发〈"十三五"推进基本公共服务均等化规划〉》，http://money.163.com/17/0301/17/CEF72C6H002580S6.html，2017年3月1日。

④ 熊侃霞：《湖北省基本公共卫生服务均等化问题研究》，北京：中国社会科学出版社，2016年，第25页。

务。① 公共卫生服务隶属于公共服务范畴,是政府为了改善、保护和促进全体人民健康,由政府出资、各级卫生部门和医疗卫生服务机构提供的卫生产品和卫生服务。②

留守儿童卫生服务利用的研究属于公共卫生服务均等化理论研究的重要内容。刘忠雪等的研究指出,留守儿童的规模及数量持续增长,加上社会结构的转型、卫生管理体制的部分缺陷等因素导致卫生服务的费用持续增长,因而留守儿童对卫生服务的可及性普遍较差。③ 陈世海等的研究得出以下两个基本结论:儿童是人类自身生产的承载,是国家的财富;留守儿童是"发展的受害者",获得照料和支持是留守儿童的权利和福利,而不是"怜悯"或"施舍"。④ 有研究证实,有效的卫生资源供给对人体生理和心理健康有多方面的正向作用,同时也能够抵消不良生活习惯对健康的影响。⑤

公共卫生服务均等化有助于公平分配,实现公平和效率的统一。均等有两层含义:一是机会均等,就是每个居民都有机会和可能享受政府提供的公共卫生服务,主要表现为政策受益面的"全覆盖";二是结果均等,就是每个公民享受的公共卫生服务不仅在数量上,而且在质量上也应大致相等,主要表现为公共卫生资源的均等。⑥ 基于这种认识,留守儿童既有与一般群体相同的卫生保健需要,也有社会个体成员的特殊需要;既有最基本的卫生保健需要,也有高层次的特殊保健需要。

儿童享有规范的健康管理服务是公民享有公共卫生服务均等化服务的重要内容。0—14 岁儿童的健康管理服务包括新生儿家庭访视和满月管理,婴幼儿、学龄前期、学龄期儿童定期免费体检,以及健康问题处理和健康指

① 杨成兵:《城乡公共服务一体化问题探讨》,《贵阳市委党校学报》2010 年第 6 期。

② 张静靖、唐雪峰、梅榕等:《四川省基本公共卫生服务现状分析》,《职业卫生与病伤》2012 年第 5 期。

③ 刘忠雪、崔文香、金桂花:《留守儿童卫生服务利用相关社会学因素——基于社会资本理论》,《中国卫生事业管理》2013 年第 8 期。

④ 陈世海、詹海玉:《西部留守儿童:社会工作综合服务体系研究》,北京:中央编译出版社,2017 年,第 39—40 页。

⑤ Wouter Poortinga. *Social Capital: An Individual or Collective Resource for Health?*. Social Science & Medicine, 2005 (62): 292—302.

⑥ 梁娴、曾伟、叶庆临、魏咏兰:《成都市促进城乡基本公共卫生服务均等化的实施策略研究》,《中国公共卫生管理》2011 年第 2 期。

导,0—6 岁儿童享受国家免费预防接种服务。[1]

(二)生物—心理—社会医学模式理论

医学模式是指人们在社会实践中形成的关于医学的理念构架、人们观察和处理人类健康与疾病问题的理念构架及人类医药活动的行为范式。随着人类社会的发展,医学模式也会相应发生改变。20 世纪以来,不断骤增的社会信息量也在不断挑战人们的心理与社会压力承受力。高科技的应用,使得身体疾病得到了有效控制,但与心理、社会因素相关的疾病却在不断上升。在诸多背景下,生物—心理—社会医学模式应运而生。

生物—心理—社会医学模式是由美国 Rochester 医学院的精神病学和内科教授恩格尔(G. L. Engel)于 1977 年正式提出的。同年,恩格尔教授在《科学》杂志上发表了一篇题为"需要新的医学模式:对生物医学的挑战"的文章。他认为,为了解疾病的决定因素,以及达到合理的治疗和卫生保健模式,医学模式必须考虑到患者、患者生活在其中的环境及医生的作用和卫生保健制度。生物—心理—社会医学模式强调医生考察的不仅仅是患者的生理状况,还有他们的心理因素;政府部门不仅要改善医疗卫生条件,而且要重视社会环境的优化。它主张在一个综合生物学、心理学和社会学的更高层次上来考察人类的健康和疾病。[2] 疾病模式的转变要求卫生服务工作更加关注预防以及防治结合,要求促进各部门的合作关系,鼓励全社会参与,共同创造健康社会环境和健康生活。

生物—心理—社会医学模式充分考虑了人的生物、意识和社会这三重属性,契合了健康的社会定义,是本书运用于留守儿童健康发展研究的理念构架。

(三)儿童发展心理学理论

1.依恋理论

依恋理论是由英国精神病学家 John Bowlby 提出的。自 20 世纪 60 年代 Bowlby 开始对依恋进行精细研究直到现在,依恋研究已经历了三个发展阶段:第一个阶段是从 20 世纪 60 年代至 70 年代中叶,是依恋概念的提出和

---

[1] 《浙江省基本公共卫生服务规范》(第四版),2017 年 6 月 29 日,第 32—38 页。

[2] 郭永松、董恒进:《公共卫生服务教学理论与方法》,北京:人民卫生出版社,2015 年,第 17—18 页。

理论构架建立阶段；第二个阶段是从 20 世纪 70 年代中叶至 80 年代中叶，由于测量工具的发展，依恋的研究成为最活跃的领域；第三个阶段是从 20 世纪 80 年代后期至现在，是对依恋的心理机制进行深入研究的阶段。①

依恋的概念有广义和狭义之分。广义的依恋不局限于亲子之间，它是人际在感情上甚为接近而又彼此依附的情形，恋人、挚友之间都存在依恋，但亲子间的依恋是其主要表现形式。狭义的依恋指婴儿与第一照看人（往往是母亲）之间建立的情感联结状态，表现为分离时的紧张和寻找，重逢时的愉悦和轻松，并对陌生人形成一种排斥倾向。② 亲子依恋是指家庭环境中亲子之间形成的一种亲密、持久的情感关系，这种情感关系影响到儿童对以后社会关系的期望和反应。③ 依恋分为安全型依恋和非安全型依恋，非安全型依恋又可分为回避型、反抗型和破裂型三种类型。

依恋理论具有四个重要概念，包括依恋行为系统、依恋策略、安全基地和内部工作模式。依恋行为系统：当依恋对象存在并关注、接受孩子时，孩子会感到被爱、安全、自信，对环境产生适应；否则就会出现搜索、跟随、呼喊等各种依恋行为，直到孩子重新建立与所依恋对象足够的身体或心理亲近水平，抑或在无助的情境下体验到失望和抑郁。依恋策略：是指个体在寻求依恋关系时所采取的方式方法。安全基地：孩子的心理结构中心往往需要有一个安全基地，其通常是可以信任的并且能够提供支持和保护的重要他人，在很小的时候最多的是由"妈妈"担任的。内部工作模式：婴儿会形成一种人际关系的"内部工作模式"，如果孩子在早期的关系中体验到爱和信任，就会觉得自己是可爱的、值得信赖的；如果孩子的依恋需要没得到满足时，就会对自己形成一个不好的印象。

依恋理论被广泛应用于儿童的健康发展领域。依恋理论的提出者 Bowlby 认为，依恋对象的心理支持和情绪提供能在很大程度上影响儿童情

① 胡平、孟昭兰："依恋研究的新进展"，《心理科学进展》2000 年第 2 期。
② 陈世海、詹海玉：《西部留守儿童：社会工作综合服务体系研究》，北京：中央编译出版社，2017 年，第 39—40 页。
③ 周宗奎：《亲子关系作用机制的心理学分析》，《西南师范大学学报》（哲学社会科学版）1997 年第 2 期。

绪调节适应性的发展。[①] 早期主要依恋联结的破坏会导致儿童情感上的危机,并将在其后的生活中以突然的抑郁或焦虑形式表现出来。[②] 舒明跃等研究发现,父母与子女缺乏亲密关系,儿童情感被忽略,其违法行为及攻击性行为发生率趋高。[③] 留守儿童与父母间的依恋关系缺失,导致儿童对世界没有安全感、信任感,使其以后对社会的态度、对他人的态度容易走向消极。[④]

2.皮亚杰认知发展理论

认知发展理论是由瑞士著名的发展心理学家让·皮亚杰提出的,这一理论被公认为20世纪发展心理学上最权威的理论。所谓认知发展,是指个体自出生后在适应环境的活动中,对事物的认知及面对问题情境时的思维方式与能力表现,随年龄的增长而改变的历程。他把儿童的认知发展划分为以下四个阶段。[⑤]

(1)感知运动阶段(0—2岁)。这时儿童能运用某种原初的格局来对待外部客体,能开始协调感知和动作间的活动。[⑥] 这一阶段是幼儿智力发展的关键期,出现客体永久性问题,开始出现模仿、记忆和思想。

(2)前运算阶段(3—6岁)。这时儿童认识的发展仍有对感知运动经验的依赖性,但大部分是依赖表象的心理活动。这一阶段的主要认知成就是出现了符号、表象和直觉思维,儿童会出现以下几种心理特征:

①泛灵论。此时的儿童认为周围的万事万物都是有生命的。

②自我中心主义。即用自己认为的经验去评论别人的经验,认为自己看到的是什么,别人看到的也是什么。

③思维的不可逆性。此时的儿童可以正着进行思考,但反过来就不能思考了。

---

① K. E. Grossmann. *Old and New Working Models of Attachment*. Attachment and Human Development,1990 (1):20—30.

② 舒明跃、李从培:《父母养育不当与青少年犯罪的相关研究》,《中国心理卫生杂志》1989年第1期。

③ 郑希付:《良性亲子关系创立模式》,《湖南师范大学社会科学学报》1998年第3期。

④ 陈旭:《留守儿童的社会性发展问题与社会支持系统》,北京:人民出版社,2013年,第10页。

⑤ 黄碧玲:《了解儿童认知发展,陪伴儿童健康成长——基于皮亚杰认知发展阶段理论的家庭教育》,《现代职业教育》2017年第15期。

⑥ 皮亚杰:《发生认识论原理》,北京:商务印书馆,1981年,第5页。

④缺乏守恒。此时的儿童尚未获得物体永恒的概念,还不能准确地把握事物的永恒概念。

⑤不能理顺整体和部分的关系。

(3)具体运算阶段(7—12岁)。在这个阶段,儿童能进行具体运演。这时儿童的思维已具有了可逆性和守恒,而守恒是这个阶段的一个主要标志。儿童已有了一般的逻辑结构,如群、格和群集等。

(4)形式运算阶段(13—15岁)。在这个阶段,儿童的思维能力已超出事物的具体内容或感知的事物,思维的特点是从具体形象思维发展到抽象逻辑思维。

皮亚杰认为,所有的儿童都会依次经历这四个阶段,新的心智能力的出现是每个新阶段到来的标志,而这些新的心智能力使儿童能够以更加复杂的方式来理解世界;虽然不同的儿童以不同的发展速度经历这几个阶段,但是都不可能跳过某一个发展阶段。同一个个体或许能同时进行不同阶段的活动,这明显地表现于从一个阶段进入另一个新阶段的转折时期。

3.埃里克森人格发展理论

埃里克森(Erik Homburger Erikson)是美国著名的精神病医生,是新精神分析学派的重要代表人物。在他的代表作《儿童期与社会》中,埃里克森提出了著名的人格发展阶段理论。埃里克森把个体的社会化过程划分为八个阶段,与学龄前及学龄期儿童相关联的是前四个阶段。

婴儿期(0—1岁):基本信任与不信任的心理冲突。这个阶段的发展任务是培养信任感,即对周围世界和人的基本接纳态度。

幼儿期(2—3岁):自主与害羞(或怀疑)的冲突。这一阶段的基本任务是发展自主性。

学龄前期(4—6岁):主动与内疚的冲突。这个阶段的主要任务是发展主动性。

学龄期(7—12岁):勤奋与自卑的冲突。埃里克森认为,学校是训练儿童适应社会、掌握生活知识和技能的地方。如果他们能顺利地完成学习课程,就会获得勤奋感;反之,就会产生自卑。

埃里克森强调了人格发展的心理基础和生理基础,分析了人的一生各个心理发展阶段面临的主要问题,对儿童健康人格的培养具有十分重要的启发意义。埃里克森的人格理论也有其不足之处,他的研究虽然充分注意到了情绪的作用,但相对忽视了认知和意志的作用;他强调发展的渐进性与连续性,而较少强调发展的相对独立性。①

埃里克森非常重视家庭、社会、学校在人格发展中的作用,并提醒人们重视人生每个阶段的人格教育,以促使个体形成良好的品质,避免形成消极的品质。埃里克森认为,在儿童人格发展的前三个阶段,家庭中亲子之间的互动对儿童人格的发展具有决定性的作用。②江立华将埃里克森人格发展理论应用在对留守儿童问题的研究中,认为学龄前留守儿童自我中心主义倾向明显,亲子关系淡化,易形成孤独、任性且内向的性格;学龄期留守儿童学业不连续、欠链接、难交到知心朋友,易形成自卑、悲观、孤僻的心理特征。③

(四)团体动力学理论

团体动力学理论由勒温(Kurt Lewin)于1933—1935年在进行一系列的团体行为研究时提出并创立,强调团体是一个动力整体,应把它作为一个整体来研究。其中,关于民主和专制领导条件下的儿童团体研究是最著名的研究之一。团体动力学理论内容庞杂,理论演变的历史也较为悠久。④

勒温非常注重在生活环境中研究人的行为。团体动力学的理论基础是勒温的场论。场论是借用物理学中场的概念来解释心理活动的理论,把人的心理和行为视为一种场的现象,关注人与环境之间的关系。环境主要是指心理环境,对于人而言,意志和需要成为重要的动力作用。场具有变化性,而这种变化所产生的动力结构使场成为动力场,随着动力场的变化,人的心理和行为也发生变化。团体动力学另外一个著名的研究实验是关于团体气氛的研究。实验结果证明,团体活动中,民主的领导方式所创造的团体气氛能提高工作效率,而专制的领导方式所创造的团体气氛虽能保证有一定的工作效率,但成员之间缺乏信任感和创造力,容易产生冲突和敌意。⑤团体动力学不仅为团体咨询提供了理论依据,而且为团体咨询过程中团体气氛的创设、领导者的作用等提供了重要的研究成果。团体动力学的研究

---

①②　王家军:《埃里克森人格发展理论与儿童健康人格的培养》,《学前教育研究》2011年第6期。

③　江立华、符平等:《转型期留守儿童问题研究》,上海:上海三联书店,2013年,第50页。

④　樊富珉:《团体心理咨询》,北京:高等教育出版社,2005年,第83页。

⑤　樊富珉:《团体心理咨询》,北京:高等教育出版社,2005年,第84页。

直接成为团体咨询的方法、技术,广泛应用于管理、医疗、咨询等领域。①

团体咨询是在团体情境下进行的一种心理咨询形式,即通过团体内人际交互作用,促使个体在交往中通过观察、学习、体验,认识自我、接纳自我,调整改善与他人的关系,学习新的态度与行为方式,以发展良好的适应能力。②国内对于留守儿童团体辅导的研究也不少。刘霞和张跃兵等将团体心理咨询应用于留守儿童心理健康水平的干预研究,对济宁市 1705 名农村初中生开展调查,对 546 名留守儿童开展团体心理辅导。结果表明,留守初中生的心理健康状况不如非留守初中生,团体心理辅导可以提高留守学生的心理健康水平。③

(五)增权理论

增强权能的思想早在 19 世纪就已经存在了。一般认为,美国学者巴巴拉·索罗门(Barbara Soloman)在 1976 年出版的《黑人的增强权能:被压迫社区里的社会工作》中首先提出了增强权能的概念,这个观点被社会工作界广泛接受。在 1980 年前后,进入"增强权能时代",强调尊重服务对象,帮助其增强权能,让他们自主判断,鼓励有相同处境的服务对象建立互助团体,在团体中促进个体意识的觉醒,摆脱无力感,共同推动社会公平与公正。④

增强权能理论的基本假设主要有以下五个方面:一是个人的无力感是由环境的压迫造成的;二是社会环境中存在直接或间接的障碍,个人无法实现其权能,但这种障碍可以消除;三是每个人都不缺少权能,但往往现实生活表现为缺乏权能;四是受助人是有能力、有价值的;五是提供服务者与服务对象的关系是一种合作伙伴关系。⑤

在概念框架方面,增强权能观点认为,增权一般发生在以下三个层面:一是个人层面的增权,是指个体得以控制自身的生活能力,以及对所处环境

---

① 樊富珉:《团体心理咨询》,北京:高等教育出版社,2005 年,第 87 页。
② 樊富珉:《团体心理咨询》,北京:高等教育出版社,2005 年,第 4 页。
③ 刘霞、张跃兵等:《团体心理辅导对留守儿童心理健康水平的干预研究》,《中国儿童保健杂志》2013 年第 9 期。
④ 全国社会工作者职业水平考试教材编写组:《社会工作综合能力》,北京:中国社会出版社,2019 年,第 106 页。
⑤ 全国社会工作者职业水平考试教材编写组:《社会工作综合能力》,北京:中国社会出版社,2019 年,第 107 页。

的融合与影响能力。二是人际关系层面的增权,指的是个人和他人合作促成问题解决的经验。一方面可以增加一定的社会资源或社会资本,另一方面可以争取公平的社会环境。三是环境层次的增权。其目标指向对社会决策或制度的安排,通过表达自己的利益诉求和参与社会资源的分配,争取到与健康社会和进步文化相匹配的社会公正和社会平等待遇。[1]

　　2004 年,国内学者范斌教授比较分析了国内外的研究,提出增权的两种模式,即外力推动模式下的增权和个体主动模式下的增权。而针对留守儿童这一特殊弱势群体,要帮助其解决社会问题应该将外力推动模式与个体主动模式相结合,即在关注外部给予帮助的同时,更要激发留守儿童自身的内在优势。[2]

---

[1][2]　姚娅婕:《增权视角下留守儿童的社会工作介入研究——以 G 村"七色光"学堂为例》《重庆城市管理职业学院学报》2017 年第 17 卷第 2 期。

第三章　浙江省温岭市农村留守儿童健康发展案例分析

一、本章主要内容

为全面和深入了解温岭市留守儿童健康情况,本章以温岭市部分农村留守儿童作为研究对象,通过问卷调查方式对儿童基本情况,包括生理、心理、社会适应能力三个维度的健康状况进行实证调查,发现留守儿童的健康问题。

第一,亲子分离对留守儿童的生理、心理、社会适应能力三个层面的健康状况产生了不同程度的影响,对儿童近4周内患病情况、自觉听力异常情况等近期生理健康指标的影响有显著差异,且以对7岁以下儿童的影响为最大,对4岁以上儿童心理健康水平和7岁以下儿童社会适应能力的影响具有显著差异。

第二,不同因素给留守儿童健康水平带来不同程度的影响,如亲子联系频率、父母回家频率、监护人带养知识、监护人文化水平与健康水平呈正相关,而家庭经济状况与生理健康水平呈正相关,与心理健康水平、社会适应能力呈负相关,亲子联系方式中电话、网络联系效果优于仅见面形式。

第三,留守因素对4岁以上儿童心理健康水平的影响,表现为儿童在认知发展过程中自我调控、情感展示、自主性行为、人际互动等综合能力偏弱,随着儿童年龄的增大,还会带来不同程度的焦虑、抑郁等情感体验。留守因素对7岁以下儿童社会适应能力的影响,则表现为儿童语言能力、服从指令遵守规则、精细动作、应对生理需要等综合技能偏弱。

通过分析留守儿童健康状况及其影响因素,筛选出健康状况相对较差的儿童群体,为实施留守儿童健康干预和进一步完善农村留守儿童健康关爱工作激励机制提供实证依据和参考。

二、实证研究设计和实施

(一)研究目的和方法

本案例研究的主要目的是了解温岭市留守儿童健康情况及健康影响因素,分析存在问题并探索进一步健全和完善农村留守儿童健康关爱工作机制的途径。学龄前(1—6岁)与学龄期(7—12岁)儿童在生长发育上有所差异。因此,本案例基于两个年龄段儿童的基本情况,分别从生理健康、心理健康和社会适应能力三个层面开展实证研究。

研究采用的方法主要是问卷调查法和内容分析法。

(二)研究步骤

第一,进行文献研究。主要对儿童健康发展基本概念及相关理论进行内容分析,对比分析澳大利亚、加拿大两国和我国宁夏、重庆、温岭留守儿童健康发展模式,详见本书第二、第六章。第二,进行调查方案的研制。组织儿童健康管理人员、儿童保健专家、心理咨询师等技术人员召开专家研讨会,通过多次讨论,完成调查方案研制。第三,问卷的设计和发放。1—6岁儿童问卷根据DST(0—6岁小儿发育筛查量表)、ASQ-3(儿童发育筛查量表)、ASQ-SE(儿童早期发育筛查量表)进行编制,7—12岁儿童问卷根据少儿主观生活质量问卷进行编制。对调查问卷分别在小学、幼儿园、市妇保院儿保门诊开展了小规模的预调查,根据反馈结果进行二次修改,确定正式调查问卷并印制。按照调查方案开展调查工作。第四,数据录入及分析。通过数据的对比分析得出研究结果,整个案例的调查研究历时近3个月。

(三)调查问卷设计

本书调查问卷设计主要包括以下内容:

根据儿童健康发展相关理论、留守儿童健康已有研究成果的相关著作和文献、工作特征模型、留守儿童健康发展管理的相关文件和规定,以及预调查的结果进行设计,确定赋分标准。问卷分为四部分。

第一部分:基本情况。基本情况包括性别、年龄、家庭经济情况、健康体检情况、主要照顾者带养知识掌握情况及儿童饮食等六个要素。外出特征由留守时间、留守类型、主要监护人带养知识掌握程度、照顾者年龄、文化程度、亲子联系频率、父母回家频率、亲子联系方式、父母关心儿童健康问题等九个要素组成,设置为儿童健康的影响因素。对健康带养知识 10 题进行赋分,正确答案每题计 1 分,错误答案计 0 分。

第二部分:生理健康部分。设置衡量身高、体重等生长发育情况,眼、耳、齿患病情况,以及儿童近 4 周内患病情况、近 1 年内意外伤害发生情况等指标。对生理健康六项指标进行赋分,生长发育评价情况、龋齿情况、视力情况、听力情况四项指标"正常"计 1 分,其余计 0 分;近四周内患病情况、近 1 年内意外伤害发生情况"是"计 0 分,"否"计 1 分。

第三部分:心理健康部分。1—6 岁组设置自我调控能力、感情展示能力、自主性行为能力、人际互动能力等四类指标。"大多数"计 3 分,"有时"计 2 分,"很少"计 1 分,"不知道"计 2 分,有" * "号标注条目反向赋分。

7—12 岁组设置自我认识、抑郁体验、焦虑体验、躯体体验等四类指标。"没有"计 1 分,"有时"计 2 分,"经常"计 3 分,"总是"计 4 分,有" * "号标注条目反向赋分。

第四部分:社会适应能力部分。0—3 岁组设置自助与互动技能、表达感觉情感能力、服从指令遵守规则能力、精细动作能力等四类指标。4—6 岁组设置自助与互动技能、语言能力、服从指令遵守规则能力、应对生理需要能力、精细动作能力等五类指标。"大多数"计 3 分,"有时"计 2 分,"很少"计 1 分,"不知道"计 2 分。7—12 岁组设置同伴交往、学校生活两类指标。"没有"计 1 分,"有时"计 2 分,"经常"计 3 分,"总是"计 4 分,有 * 号标注条目反向赋分。

调查问卷内容及具体分值详见《温岭市儿童健康影响因素调查问卷》(见附录 1,分值在每题答案右方标注)。

(四)调查的实施

调查问卷共发放 1050 份,回收 979 份,回收率为 93.2%,其中有效问卷 950 份,有效率为 97%。

1.调查方法

(1)1—3 岁组:按照最小样本量设计要求,由镇(街道)卫生院妇幼人员为儿童体检时开展问卷调查,不足部分由样本点负责人召集家长在村居(社区)完成样本调查。

(2)4—6 岁组:镇(街道)所在地幼儿园组织召开家长会,由卫生院妇幼人员、幼儿园老师、计生协志愿者共同完成问卷调查。

(3)7—12 岁组:镇(街道)所在地小学组织儿童和家长,由卫生院妇幼人员、小学老师、计生协志愿者开展问卷调查。

2.调查程序及注意事项

（1）现场组织：镇（街道）社发办（计生办）负责样本量控制及样本幼儿园、小学协调工作，保证调查工作有序进行。

（2）问卷调查质量控制：要求调查员在调查表回收时严格检查，不空项、不漏项，如发现错、漏项或填写不规范处，当场找被调查者确认，及时更正，确保问卷无误后由调查员签字回收。调查员之间交叉检查调查表格质量，发现问题后及时进行回访，获取正确信息。一、二年级小学生可能对问卷的个别题目不理解，先由调查员和班主任进行解释说明，再让学生根据自己的理解进行填写。对于不识字的由调查员代为填写。

（3）调查过程中尽量做到不遗漏，尤其是留守儿童主要照顾者不方便配合时，集中到样本点所在村再次开展调查，必要时对个案可采取上门调查的方法完成调查任务。

三、实证研究调查样本的选择

（一）最小样本量

根据统计学方法计算，得出每年龄组最小样本量为350名。将名额进行分配，见最小样本量分配表（见表3-1）。

表 3-1　最小样本量分配表 *

样本点名称	抽查学校类型	抽样班级数	1—3岁儿童数		4—12岁儿童数	
			最小样本数	其中：留守儿童	最小样本数	其中：留守儿童
城东街道金家村	幼儿园	3	40	20	60	30
城北街道山马村	幼儿园	3	40	20	60	30
泽国镇腾蛟村	小学	6	40	20	90	45
大溪镇沈岙村	幼儿园	3	40	20	60	30
松门镇南咸田村	幼儿园	3	40	20	60	30
箬横镇贯庄村	小学	6	40	20	120	60
新河镇雅雀村	小学	6	40	20	120	60
城南镇彭家村	幼儿园	3	40	20	60	30

续 表

样本点名称	抽查学校类型	抽样班级数	1—3岁儿童数		4—12岁儿童数	
			最小样本数	其中：留守儿童	最小样本数	其中：留守儿童
坞根镇东里村	幼儿园	3	40	20	60	30
合计		36	360	180	690	345

* 幼儿园为4—6岁组儿童,小学为7—12岁组儿童。

(二)抽样方法

(1)1—3岁组:整群抽取城东街道金家村、城北街道山马村、泽国镇腾蛟村、箬横镇贯庄村、松门镇南咸田村、新河镇雅雀村、大溪镇沈岙村、城南镇彭家村、坞根镇东里村9个样本点所在辖区1—3岁儿童。若样本点所在村居样本量<最小样本量,将样本范围扩大至样本点附近村居儿童。

(2)4—6岁组:抽取9个样本点所在辖区一家幼儿园4—6岁儿童。若该幼儿园样本数量<最小样本量,则扩增一家离样本点最近的幼儿园开展调查。

(3)7—12岁组:抽取9个样本点所在辖区一家小学7—12岁儿童。若该小学样本数量<最小样本量,则扩增一家离样本点最近的小学开展调查。

若样本点留守儿童数小于最小样本量,采取在幼儿园(小学)其他班级仅调查留守部分以增加样本量,或者在样本点所在村及周边村仅增加留守儿童数的方法。

四、实证研究调查数据的统计和分析

此次问卷调查共有979名调查对象填写了表格式问卷,对回收的950份有效问卷采集的数据,采用Epida3.1软件系统进行数据双录入,通过一致性校验确认后,导入SPSS软件系统进行统计和分析。不同年龄组别留守与非留守儿童生理、心理、社会适应能力综合评分采用行×列联表资料的卡方检验,[1]利用SPSS软件进行控制变量的不同水平对比分析。

(一)调查样本的基本情况

1.统计结果

在950名调查对象中,留守儿童为306名,占32.2%,非留守儿童为644

---

① 方积乾等:《卫生统计学》,北京:人民卫生出版社,2008年,第156页。

名,占为 67.8%;其中,男童为 497 名,女童为 453 名,性别比为 109.7∶100,接近温岭市 2017 年男女性别比(108.97∶100)。

306 名留守儿童被监护情况显示,留守时间半年到一年的为 223 名,占 72.88%;留守类型以隔代监护的为最多,占 51.31%;主要监护人年龄:50 岁以上最多,占 48.37%,30 岁以下仅占 11.44%;大多数监护人主要为初中以下文化程度,其中,文盲占 23.86%,小学文化程度占 31.05%,初中文化程度占 25.82%;在留守期间,大多数父母(78.76%)能与子女经常联系,联系方式以电话为主(66.34%),网络联系与见面较少(32.35%);父母通常(88.24%)在半年到一年内回家一次,且对子女健康问题关注最多,占 44.44%。

留守儿童与非留守儿童样本基本特征的差异比较结果显示,两者在家庭经济状况上的差异有统计学意义,而在性别、健康体检规范性、饮食质量以及监护人带养知识方面的差异则无统计学意义(见表 3-2 至表 3-4)。

表 3-2　调查对象基本情况

	1—3 岁组		4—6 岁组		7—12 岁组		合计
	男	女	男	女	男	女	
留守	62	42	46	37	55	64	306
非留守	96	87	126	104	112	119	644
合计	158	129	172	141	167	183	950

表 3-3　306 名留守儿童被监护情况

特　征	分　类	人　数	构成比(%)
留守时间	半年到一年	223	72.88
	1—3 年	41	13.40
	3—5 年	11	3.59
	5 年以上	31	10.13
主要监护人	父亲	29	9.48
	母亲	88	28.76
	祖父母	157	51.31
	亲戚	22	7.19
	其他	10	3.27

续　表

特　征	分　类	人　数	构成比（%）
监护人文化水平	文盲	73	23.86
	小学	95	31.05
	初中	79	25.81
	高中	41	13.40
	大专及以上	18	5.88
监护人年龄	＜30 岁	35	11.44
	30—39 岁	90	29.42
	40—49 岁	33	10.78
	50—59 岁	87	28.43
	≥60	61	19.93
亲子联系频率	经常	241	78.76
	很少	28	9.15
	偶尔	27	8.82
	从不	10	3.27
亲子联系方式	见面	39	12.75
	电话	203	66.34
	网络	60	19.61
	信件及其他	4	1.30
父母关注的首选问题	思想问题	19	6.21
	生活问题	107	34.97
	健康情况	136	44.44
	学习情况	44	14.38
父母回家频率	半年到一年	270	88.23
	1—2 年	29	9.48
	2 年以上	7	2.29

表 3-4　留守儿童与非留守儿童基本特征比较 ＊

		全部儿童		留守儿童		非留守儿童		χ² 值	P 值
		n	%	n	%	n	%		
性别	男	497	52.32	163	53.27	334	51.86	0.1641	0.6854
	女	453	47.68	143	46.73	310	48.14		
家庭经济状况	非常宽裕	11	1.16	5	1.63	6	0.93	9.3507	0.025
	比较宽裕	125	13.16	52	16.99	73	11.34		
	中等	762	80.21	228	74.51	534	82.92		
	比较贫困	40	4.21	17	5.56	23	3.57		
	非常贫困	12	1.26	4	1.31	8	1.24		
健康体检状况	非常规范	686	70.20	229	74.83	457	70.00	3.6964	0.1575
	基本规范	132	13.80	35	11.44	97	14.00		
	不规范	152	16.00	42	13.73	110	16.00		
饮食质量	高	917	96.53	295	96.41	622	96.58	0.0197	0.8883
	低	33	3.47	11	3.59	22	3.42		
带养知识掌握程度	高	817	86.00	266	86.93	551	85.56	0.3229	0.5698
	低	133	14.00	40	13.07	93	14.44		

＊ 根据家庭经济状况的比较,检验结果是将"非常贫困"合并到"比较贫困"中计算。

2. 基本情况结果分析

温岭市作为全国农民收入先进县市之一,城镇常住居民人均可支配收入达 48941 元(全国水平为 33616 元),农村常住居民人均纯收入达 25922 元(全国水平为 12363 元)。[①] 2019 年底户籍人口为 122.21 万,流出人口达 13 万。流出人口以外出经商为多,为家庭提供了可靠的经济来源,本书中留守家庭较非留守家庭经济宽裕度(包括非常宽裕和比较宽裕)高出 6.35 个百分点也是一个有力的证据。良好的经济状况为留守儿童提供了质量相对较高的饮食,饮食质量较高的比率达 96.41%。本书运用中国母婴健康素养——

————————

[①]　温岭市政府官网,http://www.wl.gov.cn/web/zjwl/jrtf/jjfz/201703/t20170308_198912.shtml,2018 年 3 月 19 日;《中国统计年鉴(2017 年)》,http://www.stats.gov.cn/tjsj/ndsj/2017/indexch.htm,2018 年 3 月 19 日。

基本知识与技能中儿童健康相关内容开展带养知识掌握程度的调查发现，留守与非留守家庭主要监护人带养知识掌握率的差异无统计学意义，留守儿童主要监护人带养知识掌握程度最高达86.93％。留守类型以隔代监护为主，且主要监护人中50岁以上年龄者占比将近一半。父母外出时对孩子的健康最为关注，能以电话等方式经常与子女取得联系，尽可能做到半年回家一次。留守儿童体检非常规范的比例达70％。

从公共卫生服务均等化理论角度分析，温岭市留守儿童与非留守儿童基本上平等享受本调查问卷中涉及的卫生健康管理服务资源。但是，从基本特征显示结果可以看到，留守家庭父母从未与儿童联系的有10例，很少联系的有27例，2年以上未回家的有7例，1—2年未回家的有29例，对这部分人群需要特别关注。长期的亲子分离对儿童个体健康发展的影响，将在后续小节中进行分析。

(二)温岭市农村留守儿童生理健康状况及影响因素分析

1.留守儿童与非留守儿童生理健康状况差异比较

对总体样本中，留守儿童与非留守儿童的6项生理健康状况指标进行差异比较，结果显示留守儿童与非留守儿童在听力和近四周内患病情况方面的差异有统计学意义，而在生长发育评价情况、视力情况、龋齿情况及近1年内意外伤害发生情况方面的差异则无统计学意义(见表3-5)。

表3-5　留守儿童与非留守儿童生理健康状况比较 *

指标		全部儿童		留守儿童		非留守儿童		χ^2 值	P 值
		n	%	n	%	n	%		
生长发育评价情况	良好	770	81.05	252	82.3529	518	80.435	0.497	0.4808
	较差	180	18.95	54	17.6471	126	19.565		
视力情况 *	良好	221	63.42	80	67.2269	141	61.039	1.2922	0.2556
	较差	129	36.58	39	32.7731	90	38.961		
龋齿情况	正常	615	64.74	197	64.3791	418	64.907	0.0253	0.8736
	异常	335	35.26	109	35.6209	226	35.093		
自觉听力情况	正常	932	98.11	296	96.732	636	98.758	4.5794	0.0324
	异常	18	1.89	10	3.268	8	1.242		

续　表

指标		全部儿童		留守儿童		非留守儿童		χ^2 值	P 值
		n	%	n	%	n	%		
近 4 周内患病情况	有	264	27.79	108	35.2941	156	24.224	12.6689	0.0004
	无	686	72.21	198	64.7059	488	75.776		
近 1 年内意外伤害发生情况	有	143	15.05	48	15.6863	95	14.752	0.1417	0.7066
	无	807	84.95	258	84.3137	549	85.248		

* 因技术原因学龄前儿童未做视力筛查,表 3-5 中视力情况仅统计 7—12 岁组。

2. 不同年龄组留守儿童生理健康状况评分比较

根据本章节调查表格设计部分赋分标准,计算出每例儿童生理健康得分情况,将 3 个不同年龄组别留守儿童与非留守儿童总体得分情况,按照 7 分为"良好"、6 分为"一般"、5 分及以下为"较差"的标准分为三个类别进行计数,计算百分比值。留守儿童与非留守儿童生理健康状况综合评分总体的差异有统计学意义;分年龄组进行比较,1—3 岁组、4—6 岁组的差异有统计学意义,7—12 岁组的差异无统计学意义。如表 3-6 和图 3-1 所示。

表 3-6　留守儿童与非留守儿童生理健康状况综合评分比较

年龄组	留守情况	调查人数	良好		一般		较差		χ^2 值	P 值
			n	%	n	%	n	%		
1—3 岁	留守	110	34	30.91	41	37.27	35	31.82	6.2809	0.0430
	非留守	183	81	44.26	63	34.43	39	21.31		
	合计	293	115	39.25	104	35.49	74	25.26		
4—6 岁	留守	77	21	27.27	39	50.65	17	22.08	12.0106	0.0025
	非留守	230	108	46.96	98	42.61	24	10.43		
	合计	307	129	42.02	137	44.63	41	13.36		
7—12 岁	留守	119	26	21.85	65	54.62	28	23.53	2.7202	0.2566
	非留守	231	42	18.18	147	63.64	42	18.18		
	合计	350	68	19.43	212	60.57	70	20.00		
合计	留守	306	81	26.47	145	47.39	80	26.14	15.9010	0.0004
	非留守	644	231	35.87	308	47.83	105	16.30		
	合计	950	312	32.84	453	47.68	185	19.47		

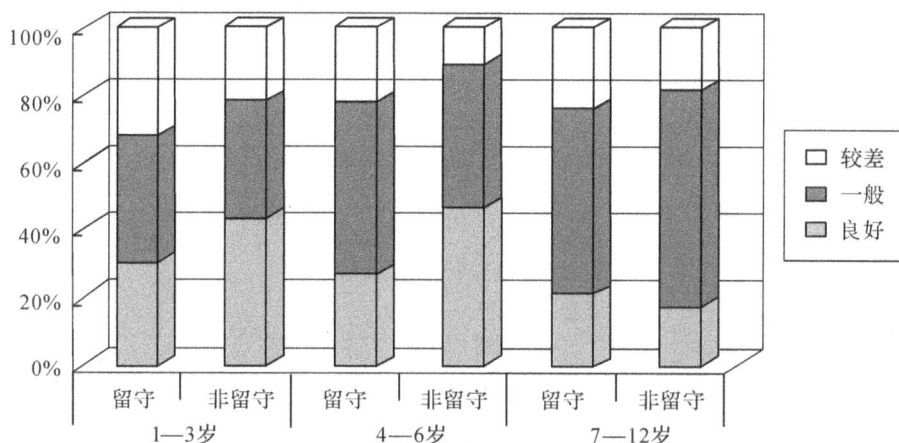

图 3-1 各年龄组留守儿童与非留守儿童生理健康状况综合评分比较

3.不同类别留守儿童生理健康水平的差异比较

家庭经济状况、健康体检状况、监护人带养知识掌握程度等三个不同基本特征,对1—6岁留守儿童生理健康水平的显著性检验存在的差异具有统计学意义,对7—12岁组仅健康体检状况对生理健康水平的显著性检验存在的差异具有统计学意义(见表3-7)。

表 3-7 不同类别留守儿童生理健康水平的差异比较

年龄			人数	良好	一般	较差	χ^2 值	P 值
1—6 岁	家庭经济状况	宽裕	34	15	14	5	70.15	2.109^{-14}
		中等	141	36	66	39		
		贫困	12	0	1	11		
	健康体检状况	非常规范	123	51	52	20	29.25	6.96^{-6}
		基本规范	38	0	25	13		
		不规范	26	0	4	22		
	监护人带养知识掌握程度	高	165	51	80	34	52.43	4.12^{-12}
		低	22	0	1	21		

年龄			人数	良好	一般	较差	χ^2 值	P 值
7—12 岁	家庭经济状况	宽裕	23	6	8	9	3.2883	0.51079
		中等	87	19	26	42		
		贫困	9	0	4	5		
	健康体检状况	每年两次以上	57	5	13	36	11.4110	0.0033
		每年一次	62	17	25	20		
	监护人带养知识掌握程度	高	99	20	32	49	0.7764	0.6783
		低	18	5	6	7		

4. 留守儿童生理健康状况及影响因素结果分析

生理健康的含义见第二章儿童健康发展核心概念。本书根据儿童健康体检项目，设置近四周内患病情况和自觉听力异常情况两项近期生理健康指标，生长发育评价情况、视力情况、龋齿情况、近一年内意外伤害发生情况等 4 项远期生理健康指标。

从对儿童生理健康状况的比较分析中可以看出，留守因素对儿童近期生理健康指标的影响较为明显。留守儿童听力异常较非留守儿童高出 2.026 个百分点，留守儿童近四周内患病风险高出非留守儿童 11.07 个百分点，而对诸如生长发育评价情况等远期生理健康指标的影响则不大。从年龄组来看，留守因素对 7 岁以下儿童生理健康综合水平的影响较为明显，对 7—12 岁儿童的影响较少。家庭经济状况、健康体检状况、监护人带养知识掌握程度对 1—6 岁留守儿童有显著影响，且均呈正相关，家庭经济状况宽裕、健康体检规范以及监护人带养知识掌握程度较高的留守儿童生理健康水平亦相对较高。要求 7—12 岁留守儿童每年进行一次体检，两次以上往往是家长主动做的。体检每年两次以上的儿童通常也是生理健康存在问题的对象，所以体检次数多者，生理健康水平较低。

（三）温岭市农村留守儿童心理健康状况及影响因素分析

1. 不同年龄组留守儿童心理健康状况评分比较

根据心理健康状况赋分标准，将 3 个不同年龄组别留守儿童与非留守儿童总体得分情况，以相同年龄组留守与非留守合并后的三分之一左右为界分为"良好""一般""较差"三类。留守儿童与非留守儿童心理健康状况综合评分的总体差异具有统计学意义;分年龄组进行比较,7—12 岁组差异较明显,4—6 岁组差异显著,1—3 岁组差异无统计学意义。结果如表 3-8 和图 3-2 所示。

表 3-8　留守儿童与非留守儿童心理健康状况综合评分比较

年龄组	留守情况	调查人数	良好		一般		较差		χ^2 值	P 值
			n	%	n	%	n	%		
1—3 岁	留守	110	29	26.36	49	44.55	32	29.09	5.0313	0.0808
	非留守	183	60	32.79	90	49.18	33	18.03		
	合计	293	89	30.38	139	47.44	65	22.18		
4—6 岁	留守	77	36	46.75	14	18.18	27	35.06	16.91	0.0002
	非留守	230	61	26.52	97	42.17	72	31.30		
	合计	307	97	31.60	111	36.16	99	32.25		
7—12 岁	留守	119	43	36.13	35	29.41	41	34.45	6.3142	0.0425
	非留守	231	108	46.75	71	30.74	52	22.51		
	合计	350	151	43.14	106	30.29	93	26.57		
合计	留守	306	108	35.29	98	32.03	100	32.68	8.8622	0.0109
	非留守	644	229	35.56	258	40.06	157	24.38		
	合计	950	337	35.47	356	37.47	257	27.05		

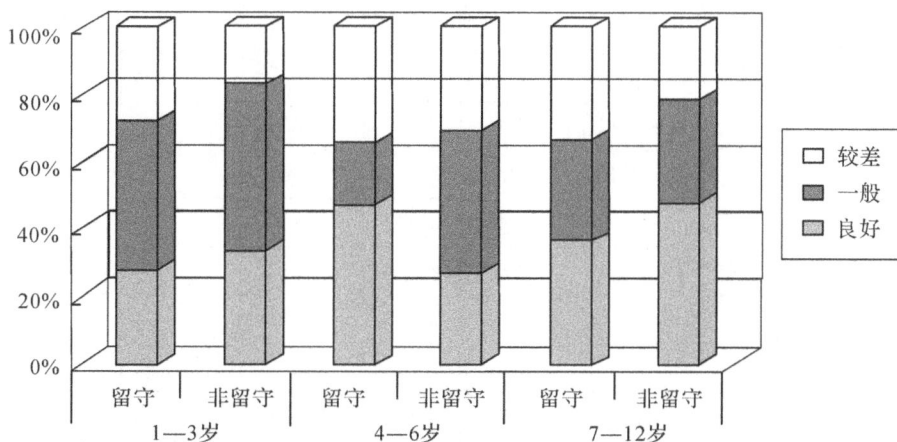

图 3-2　留守儿童与非留守儿童心理健康状况综合评分比较

2.不同类别留守儿童心理健康水平的差异比较

采取两个样本均值的t检验方法,对不同类别留守儿童与非留守儿童样本进行心理健康水平的差异比较,根据样本资料的多少将不同类别中子类别进行归类,如将留守时间分为小于1年和大于1年两类,等等。不同的留守时间、监护人文化水平、亲子联系频率、亲子联系方式、父母回家频率、家庭经济状况、健康体检状况对1—6岁组留守儿童心理健康水平的差异有统计学意义(见表3-9),而母亲监护与其他监护类型、监护人带养知识掌握程度高与低、监护人年龄40岁以上与40岁以下的差异则无统计学意义。家庭经济状况对7—12岁组留守儿童心理健康水平的差异有统计学意义(见表3-10),其余如留守时间、监护人类型、监护人带养知识掌握程度、监护人文化水平、监护人年龄、亲子联系频率、亲子联系方式、父母回家频率以及健康体检状况等特征,则对儿童心理健康水平的差异无统计学意义,具体见表3-9、表3-10。

表3-9 不同类别留守儿童心理健康水平的差异比较(1—6岁组)

		人数	均值	标准差	t值	P值
留守时间	<1年	139	25.53	2.8646	1.9474	0.0265
	≥1年	48	24.54	3.4928		
监护人类型	母亲监护	76	25.49	2.6779	0.7644	0.2228
	其他	111	25.14	3.3220		
监护人带养知识掌握程度	高	165	25.38	2.9201	1.2664	0.1035
	低	22	24.5	3.9971		
监护人文化水平	初中及以下	150	25.5	2.8653	3.1782	0.0087
	高中及以上	37	23.74	3.6984		
监护人年龄	<40岁	84	25.67	2.7152	1.5816	0.0577
	≥40岁	103	24.96	3.3032		
亲子联系频率	经常	151	25.43	2.8984	2.6719	0.0041
	很少	36	23.92	3.6695		
亲子联系方式	见面	29	24.03	2.5527	2.4137	0.0038
	其他	158	25.51	3.1134		
父母回家频率	<1年	160	25.44	2.9191	1.7483	0.0410
	≥1年	27	24.33	3.7614		

续　表

		人数	均值	标准差	t 值	P 值
健康体检状况	规范	123	25.66	2.7581	2.3746	0.0093
	不规范	64	24.55	3.5043		

表 3-10　不同类别留守儿童心理健康水平的差异比较(7—12 岁组)

		人数	均值	标准差	t 值	P 值
留守时间	<1 年	84	82.69	9.0934	1.3811	0.0849
	≥1 年	35	80.29	7.4081		
监护人类型	母亲监护	29	80.62	7.0000	1.1240	0.1317
	其他	90	82.42	7.6507		
监护人带养知识掌握程度	高	101	82.19	7.2024	0.9679	0.1676
	低	18	80.23	9.1198		
监护人文化水平	初中及以下	97	81.90	7.3729	0.2587	0.3982
	高中及以上	22	82.36	8.2105		
监护人年龄	<40 岁	41	83.29	7.0373	1.3863	0.0841
	≥40 岁～	78	81.29	7.6980		
亲子联系频率	经常	89	82.54	7.5164	1.4001	0.0826
	很少	30	80.33	7.3545		
亲子联系方式	见面	10	83.7	10.3963	0.7557	0.2257
	其他	109	81.83	7.1573		
父母回家频率	<1 年	110	81.93	7.7068	0.2830	0.3889
	≥1 年	9	82.67	4.7610		
家庭经济状况	宽裕	96	81.30	7.3314	2.0533	0.0211
	中下	23	84.83	7.7159		
健康体检状况	规范	106	82.32	7.3797	1.4103	0.0805
	不规范	13	79.23	8.2104		

3. 留守儿童心理健康状况及影响因素结果分析

心理健康的含义见第二章儿童健康发展核心概念。本书根据儿童认知发展的特点,设置衡量心理健康水平的综合指标。1—6 岁组留守儿童心理健康水平是计算儿童认知发展过程中自我调控能力、感情展示能力、自主性行为能力、人际互动能力等四类指标的综合结果，而 7—12 岁组留守儿童心理健康水平则是计算自我认识、抑郁体验、焦虑体验、躯体体验等四类指标的综合结果。

从留守儿童心理健康状况及影响因素比较中发现，留守状况对 4—6 岁组和 7—12 岁组留守儿童与非留守儿童心理健康水平的影响存在差异。留守因素在心理健康水平方面对 1—3 岁组儿童的影响不大，对 4 岁以上儿童心理健康水平的影响表现为儿童在认知发展过程中自我调控、情感展示、自主性行为、人际互动等综合能力偏弱；随着年龄的增大，7—12 岁组儿童出现不同程度的焦虑、抑郁等情感体验。良好的亲子关系会促进儿童安全型依恋行为的产生，而亲子分离则会导致留守儿童"安全基地"缺失，影响儿童心理的"内部工作模式"，从而成为 4—6 岁组乃至 7—12 岁组留守儿童与非留守儿童心理健康水平存在差异的原因之一。当然，儿童在留守过程中其留守时间不一定完全连续，一个儿童可能处于留守与非留守的空间转换之中。如果是连续型留守儿童，学龄前期的影响结果会延续至学龄期，这或许成为留守儿童与非留守儿童心理健康水平存在差异的另一个原因。

分析不同留守因素对留守儿童心理健康水平的影响，主要表现有：①留守时间、监护人文化水平、亲子联系频率，以及亲子联系方式对 1—6 岁组儿童影响明显。留守时间越长，心理健康水平越低；亲子之间经常联系、父母经常回家对亲子关系的促进作用，有利于留守儿童心理健康水平的提高；亲子联系方式中电话、网络联系效果优于仅见面形式；监护人文化水平与留守儿童心理健康水平呈正相关，即文化水平越高，心理健康水平也越高。②不同的留守特征对 7—12 岁组均未产生影响。

分析不同基本特征因素对留守儿童心理健康水平的影响，主要表现有：健康体检的规范性与 1—6 岁留守儿童心理健康水平呈正相关，健康体检规范的儿童，其心理健康水平也相对较高，健康体检的规范性对 7—12 岁组留守儿童不存在影响；家庭经济状况与两组儿童的心理健康水平均呈负相关，即家庭经济宽裕的儿童，其心理健康水平相对偏低，这可能是因为家庭经济宽裕的儿童在带养过程中受到过度溺爱，从而影响其心理健康水平的发展。

(四)温岭市农村留守儿童社会适应能力状况及影响因素分析

1. 不同年龄组留守儿童社会适应能力的差异比较

根据社会适应能力赋分标准,将 3 个不同年龄组别留守儿童与非留守儿童总体得分情况,以相同年龄组留守儿童与非留守儿童合并后的三分之一左右为界分为"良好""一般""较差"三类。留守与非留守儿童社会适用能力综合评分总体上具有明显差异,其中 1—3 岁组、4—6 岁组的差异有统计学意义,7—12 岁组的差异无统计学意义。结果如表 3-11 和图 3-3 所示。

表 3-11　留守儿童与非留守儿童社会适应能力综合评分比较

年龄组	留守情况	调查人数	良好		一般		较差		χ² 值	P 值
			n	%	n	%	n	%		
1—3 岁	留守	110	27	24.55	48	43.64	35	31.82	18.2434	0.0001
	非留守	183	88	48.09	65	35.52	30	16.39		
	合计	293	115	39.25	113	38.57	65	22.18		
4—6 岁	留守	77	27	35.06	25	32.47	25	32.47	9.5088	0.0086
	非留守	230	111	48.26	81	35.22	38	16.52		
	合计	307	138	44.95	106	34.53	63	20.52		
7—12 岁	留守	119	30	25.21	54	45.38	35	29.41	1.4131	0.4934
	非留守	231	72	31.17	99	42.86	60	25.97		
	合计	350	102	29.14	153	43.71	95	27.14		
合计	留守	306	84	27.45	127	41.50	95	31.05	23.5408	7.7298^{-6}
	非留守	644	271	42.08	245	38.04	128	19.88		
	合计	950	355	37.37	372	39.16	223	23.47		

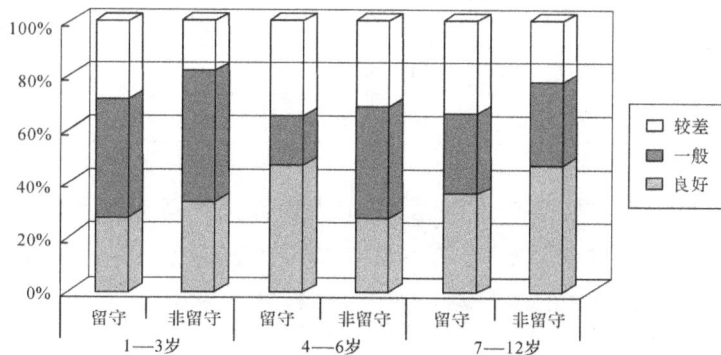

图 3-3　留守儿童与非留守儿童社会适应能力综合评分比较

2. 不同类别留守儿童社会适应能力的影响比较

采取两个样本均值的 t 检验方法对不同类别留守儿童与非留守儿童样本进行心理健康水平的差异比较。不同的留守时间、亲子联系方式、家庭经济状况、健康体检状况对 1—3 岁组留守儿童社会适应能力的差异有统计学意义，而监护人类型、监护人带养知识掌握程度、监护人年龄和文化水平、亲子联系频率的差异则无统计学意义（见表 3-12）。

表 3-12 不同类别留守儿童社会适应能力的差异比较（1—3 岁组）

		人数	均值	标准差	t 值	P 值
留守时间	<1 年	85	36.02	3.6877	2.3025	0.0117
	≥1 年	19	38.11	3.0069		
监护人类型	母亲监护	35	36.14	4.0858	0.5273	0.2996
	其他	69	36.54	3.4202		
监护人带养知识掌握程度	高	94	35.93	3.7009	1.1219	0.1323
	低	10	37.30	3.3481		
监护人文化水平	初中及以下	79	36.10	3.700	1.5115	0.0669
	高中及以上	25	37.36	3.4045		
监护人年龄	<40 岁	52	36.87	3.9323	1.3052	0.0974
	≥40 岁	52	35.94	3.3074		
亲子联系频率	经常	98	36.39	3.6524	0.1819	0.4280
	很少	6	36.67	3.8158		
亲子联系方式	见面	26	34.85	3.6447	2.5751	0.0057
	其他	78	36.92	3.5183		
家庭经济状况	宽裕	26	34.85	3.6442	2.5752	0.0057
	中下	78	36.92	3.5183		
健康体检状况	规范	84	35.99	3.6953	2.4343	0.0083
	不规范	20	38.15	2.9373		

不同的留守时间、监护人类型、监护人带养知识掌握程度、监护人文化水平和年龄、亲子联系频率、父母回家频率、家庭经济状况、健康体检状况对 4—6 岁组留守儿童社会适应能力的差异无统计学意义（见表 3-13）。

表 3-13　不同类别留守儿童社会适应能力的差异比较（4—6 岁组）

		人数	均值	标准差	t 值	P 值
留守时间	＜1 年	54	35.85	3.8601	0.1948	0.4231
	≥1 年	29	35.66	4.8867		
监护人类型	母亲监护	24	36.13	3.3950	0.4715	0.3193
	其他	59	35.64	4.5431		
监护人带养知识掌握程度	高	71	35.52	4.1651	1.3813	0.0855
	低	12	37.33	4.4033		
监护人文化水平	初中及以下	71	35.52	4.1651	1.3813	0.0855
	高中及以上	12	37.33	4.4033		
监护人年龄	＜40 年	32	35.84	4.1239	0.1044	0.4586
	≥40 年	51	35.74	4.3243		
亲子联系频率	经常	54	35.85	3.8601	0.1945	0.4231
	很少	29	35.66	4.8867		
父母回家频率	＜1 年	56	35.95	3.8549	0.5135	0.3045
	≥1 年	27	35.44	4.9538		
家庭经济状况	宽裕	8	35.5	2.0000	0.1954	0.4228
	中下	75	35.81	4.4204		
健康体检状况	规范	39	35.95	3.9345	0.3320	0.3704
	不规范	44	35.64	4.5033		

　　父母回家频率和家庭经济状况对 7—12 岁组留守儿童社会适应能力的差异有统计学意义，不同的留守时间、监护人带养知识掌握程度、监护人文化水平、监护人年龄、亲子联系频率、亲子联系方式及健康体检状况的差异无统计学意义（见表 3-14）。

表 3-14　不同类别留守儿童社会适应能力的差异分析（7—12 岁组）

		人数	均值	标准差	t 值	P 值
留守时间	＜1 年	84	44.32	6.8975	1.5205	0.0655
	＞1 年	35	41.97	9.3242		

续　表

		人数	均值	标准差	t 值	P 值
监护人类型	母亲监护	29	43.41	5.8458	0.1747	0.4308
	其他	90	43.70	8.2885		
监护人带养知识掌握程度	高	101	43.60	7.8464	0.2113	0.4165
	低	18	43.78	7.2918		
监护人文化水平	初中及以下	97	43.39	7.5459	0.7150	0.2380
	高中及以上	22	44.68	8.0585		
监护人年龄	＜40 岁	41	44.10	7.2476	0.4743	0.3181
	≥40 岁	78	43.39	8.0132		
亲子联系频率	经常	89	43.54	8.2164	0.2194	0.4134
	很少	30	43.90	6.2308		
亲子联系方式	见面	10	44.90	9.0604	0.5432	0.2940
	其他	109	43.51	7.6250		
父母回家频率	＜1 年	9	47.89	6.8714	1.7288	0.0432
	≥1 年	110	43.28	7.8994		
家庭经济状况	宽裕	94	43.27	2.4104	1.7207	0.0440
	中下	25	45.00	8.5487		
健康体检状况	规范	106	43.98	7.5670	1.4228	0.0787
	不规范	13	40.77	8.7103		

3. 留守儿童社会适应能力状况及影响因素结果分析

社会适应能力的含义见第二章儿童健康发展核心概念。留守儿童的社会适应能力是对复杂多变的社会环境做出适合生存的反应能力,包括生活能力、学习能力、劳动能力、人际关系能力、独立思考能力、判断问题与解决问题的能力等等。[①] 本书根据儿童认知发展的特点,设置衡量社会适应能力的综合指标。1—3 岁组留守儿童社会适应能力是计算儿童认知发展过程中自助与互动技能、表达感觉情感能力、服从指令遵守规则能力、精细动作能力等四类指标的综合结果,4—6 岁组是计算自助与互动技能、语言能力、服

---

① 　陈世海:《留守儿童社会服务方法》,北京:中央编译出版社,2015 年,第 162 页。

从指令遵守规则能力、应对生理需要能力、精细动作能力等五类指标的综合结果,7—12岁组心理健康水平则是计算同伴交往、学校生活两类指标的综合结果。

从留守儿童社会适应能力状况及影响因素比较中发现,留守状况对7岁以下儿童社会适应能力的影响非常显著,对7—12岁儿童影响不大。对7岁以下儿童社会适应能力的影响则表现为儿童语言能力、服从指令遵守规则能力、精细动作能力、应对生理需要能力等综合技能偏弱。学龄前期儿童以家庭照料居多,稳定的亲子模式有利于儿童社会适应能力的发展。随着儿童年龄的增长,学龄期儿童情感表达能力、语言能力、精细动作能力等幼儿期各种能力已基本具备,儿童对于父母的情感依恋逐渐变少,学校作为支持系统提供了相对稳定的支持环境。因此留守因素对其社会适应能力产生的影响也渐渐变弱。

分析不同留守因素对留守儿童社会适应能力的影响,主要表现有:不同的亲子联系方式对1—3岁组儿童社会适应能力的发展具有明显影响,且电话、网络联系效果优于仅见面形式;不同的留守特征对4—6岁组儿童的影响不大;父母回家频率对7—12岁组儿童的影响明显,父母经常回家对亲子关系具有促进作用,也有利于留守儿童社会适应能力的提高。

分析不同基本因素对留守儿童社会适应能力的影响,主要表现有:家庭经济状况与1—3岁、7—12岁留守儿童社会适应能力呈负相关,即家庭经济宽裕的儿童,其社会适应能力相对偏弱,这可能是因为家庭经济宽裕的留守儿童在隔代监护过程中受到过度保护,从而影响其社会适应能力的发展;健康体检规范对1—3岁儿童社会适应能力的影响比较明显,在儿童进行健康体检的同时,其监护人接受带养知识的教育,有利于留守儿童社会适应能力的发展。

第四章 温岭市农村留守儿童健康干预案例分析

一、本章主要内容

前一章节通过实证调查完成温岭市农村留守儿童健康发展案例分析，将调查分析结果进行归类总结，形成农村留守儿童健康干预实践依据。本章节确定从研究设计、探索实施健康干预到干预后评估的写作思路。

第一，提出实施温岭市农村留守儿童健康干预的 5 个问题，分析了哪些儿童应被列入干预对象、怎样实施干预，以及由哪些机构实施干预等问题，针对留守儿童的健康问题和影响留守儿童健康的各种因素，剖析健康干预的可行性、有效性，并选取一所小学和一个村级儿童健康发展基地（村、居）心理健康水平较低的 9 岁以上留守儿童纳入心理健康干预对象范围。

第二，设定了工作目标，即帮助部分农村留守儿童缓解或调整因不良情绪与行为而引起的孤独感和交往障碍、人际关系紧张、情绪失控等问题，鼓励他们重拾信心，学会管理情绪的方法，提升适应社会的能力。采用个案工作方法和小组工作方法，运用认知行为疗法、意象治疗、行为矫正、叙事治疗等技术开展个案咨询，运用绘画和游戏等技术开展不同主题的团体咨询活动。

第三，分别用伯恩斯量表和戴伊评估模式进行健康干预效果评估。伯恩斯量表的前后对比测量显示，有 80％ 的孩子的情绪有明显的改善。孩子们通过情绪的宣泄、辅导老师的接纳、受关注以及小组同伴的支持与场域的包容，降低了抑郁与焦虑的情绪体验，缓解或调整了因不良情绪与行为而引起的悲伤、孤独、沮丧、焦虑、紧张、烦躁和人际交往障碍等心理行为问题；干预者应鼓励他们重拾信心，学会管理情绪的方法，提高管控情绪的水平，以不断适应学校生活，提升人际交往和沟通表达能力。采用戴伊评估模式进行综合评分，组员在参加小组活动前后发生的变化综合评分为 8.67 分，团体内自我评估平均分为 9 分,团体内他人评估平均分为 9 分,团体外他人评估平均分为 8 分。

二、健康干预研究设计

(一)提出健康干预相关问题

在对留守儿童的健康干预开始之前,需要评估以下 5 个问题。

(1)哪个年龄组别留守儿童需要健康干预?

(2)需要干预留守儿童生理、心理和社会适应能力中哪个层面的健康问题?

(3)这一层面的健康问题具体有哪些内容?

(4)需要采取何种途径或何种方法开展健康干预?

(5)由哪些机构实施健康干预?

(二)干预前评估

根据不同年龄儿童健康特征,将儿童分为 3 个干预组,即 1—3 岁组、4—6 岁组和 7—12 岁组。围绕提出的 5 个问题,结合上一章节温岭市农村留守儿童健康发展案例分析结果,对 3 个组别的留守儿童健康情况进行干预前评估。

1.1—3 岁组

(1)生理健康层面。

A. 健康问题:1—3 岁组留守儿童的听力和近四周内患病情况等近期生理指标需要改善,其中健康影响因素中家庭经济状况、健康体检状况和监护人带养知识掌握程度等需要得到改善。

B. 干预措施:对困难家庭实施帮扶,开展监护人带养知识的宣传教育,引导监护人给孩子规范健康体检。

C. 实施机构:社会组织、医院、媒体、社区。

(2)心理健康层面。

该年龄组留守儿童与非留守儿童心理健康水平的差异无统计学意义。

(3)社会适应能力。

A. 健康问题:1—3 岁组留守儿童的自助与互动技能、表达感觉情感能力、服务指令遵守规则能力、精细动作能力需要提升,其中健康影响因素中亲子分离时间、亲子联系方式、家庭经济状况、健康体检状况需要改进,其中家庭经济宽裕的儿童社会适应能力较弱。

B. 干预措施:加强亲子之间的联系与互动,开展监护人带养知识的宣传教育,开展带养技能的培训,引导监护人给孩子规范健康体检,引导家庭树立正确的教育观,不能过分溺爱子女。

C. 实施机构:家庭、社会组织、医院、社区。

2. 4—6 岁组

(1)生理健康层面。

A. 健康问题:4—6 岁组留守儿童在听力和近四周内患病情况等近期生理指标需要改善,其中健康影响因素中家庭经济状况、健康体检状况和监护人带养知识掌握程度等需要得到改善。

B. 干预措施:对困难家庭实施帮扶,开展监护人带养知识的宣传教育,引导监护人给孩子规范健康体检。

C. 实施机构:政府部门、社会组织、医院、社区。

(2)心理健康层面。

A. 健康问题:4—6 岁组留守儿童的自我调控、情感展示、自主性行为、人际互动等能力偏弱,其中亲子分离时间、监护人文化水平、亲子联系频率、亲子联系方式、父母回家频率、家庭经济状况和健康体检状况等方面需要得到优化。

B. 干预措施:加强亲子之间的联系与互动,对困难家庭实施帮扶,开展监护人带养知识的宣传教育,开展带养技能的培训,引导监护人给孩子规范健康体检。

C. 实施机构:家庭、社会组织、医院、社区。

(3)社会适应能力。

A. 健康问题:4—6 岁组留守儿童的自助与互动技能、语言能力、服从指令遵守规则能力、应对生理需要能力和精细动作能力需要提升。

B. 干预措施:开展监护人带养知识的宣传教育,开展带养技能的培训。

C. 实施机构:家庭、社会组织、医院、幼儿园、社区。

3. 7—12 岁组

(1)生理健康层面。

该年龄组留守儿童与非留守儿童生理健康水平的差异无统计学意义。

(2)心理健康层面。

A.健康问题：7—12岁组留守儿童在自我认知、抑郁体验、焦虑体验、躯体体验等四类指标方面的情况需要改善，家庭经济状况与心理健康水平呈负相关，家庭经济宽裕的儿童心理健康水平较低。

B.干预措施：开展留守儿童个体或团体心理干预，加强亲子之间的联系与互动。

C.实施机构：社会组织、家庭、学校、社区。

(3)社会适应能力。

A.健康问题：留守状况对7—12岁组留守儿童的影响不大，但是父母回家频率对该组儿童的影响明显，家庭经济宽裕的儿童社会适应能力较弱。

B.干预措施：加强亲子之间的联系与互动，引导家庭树立正确的教育观，不能过分溺爱子女。

C.实施机构：家庭、社会组织、学校、社区。

用发展的目光来看待留守儿童的成长，不难发现，在留守儿童生理、心理、社会适应能力三个层面的健康影响因素发生改变的同时，健康问题也会随之发生动态改变。1—3岁未出现的问题，会在4—6岁时出现；1—3岁未解决的问题，会持续出现在4—6岁，直到7—12岁又会出现新的问题。因此，从干预角度来看，在生命早期的健康干预显得尤为重要。对孩子生命早期家庭开展健康宣传、培养带养技能，以及对3岁以内留守儿童进行健康干预，将对儿童健康成长帮助更大，健康干预的意义更为久远。对生命早期儿童的健康干预应重点针对监护人，具体措施不在本书中详细描述。对7—12岁留守儿童的健康干预应是有针对性地开展个案或团体干预，这将在后续的篇幅中重点介绍。

(三)确定干预对象

(1)考虑留守儿童健康干预的安全性、依从性和可操作性，选取7—12岁组中9岁以上儿童，纳入干预对象范围。

(2)鉴于7—12岁组心理健康层面的问题比较显著，选择对留守儿童开展心理层面的健康干预。

(3)根据前一章节实证研究分析结果，筛选出心理健康水平低于该项总体得分水平1个标准差的儿童群体纳入留守儿童心理健康干预对象范围，这类儿童有的活泼好动、调皮捣蛋或者叛逆；有的争强好斗、性格粗暴；有的沉默寡言、胆小怕事;有的有被害妄想;有的拒绝亲近;等等。

(4)考虑样本的代表性,选取了一所小学和一个村级儿童健康发展基地(村、居)纳入干预项目。

综上,本书选取一所小学和一个村级儿童健康发展基地(村、居)心理健康水平较低的 9 岁以上留守儿童纳入心理健康干预对象范围。

三、探索实施健康干预

(一)干预前准备

1.设定干预目标

增权理论认为,个人的无力感是由环境的压迫造成的,而社会环境中的障碍是可以改变的,每个人都不缺少权能,都是有能力、有价值的。需要帮助服务对象消除环境的障碍,鼓励服务对象确定自己的生活目标,帮助他们确立自信,增强能力。[1]

设定留守儿童健康干预的目标:帮助有情绪偏差如焦虑、抑郁等情感体验的农村留守儿童,缓解或调整因不良情绪与行为而引起的孤独感和交往障碍、人际关系紧张、情绪失控等问题;鼓励他们重拾信心,学会管理情绪的方法,提升适应社会的能力。

2.设定干预方法和技术

(1)个案工作方法。

《中国社会工作百科全书》把个案工作界定为:"个案工作是以个别化方法,对感受困难、生活失调的个人或家庭提供物质帮助、精神支持等方面的服务以解决他们的问题,增强其社会适应能力。"[2]

运用认知行为疗法、意向治疗、行为矫正、叙事治疗等技术手段,分别就留守儿童自我认识、抑郁体验、焦虑体验和躯体体验等四种类型的心理健康问题进行干预。

---

① 全国社会工作者职业水平考试教材编写组:《社会工作综合能力》,北京:中国社会出版社,2019 年,第 117 页。

② 全国社会工作者职业水平考试教材编写组:《社会工作综合能力》,北京:中国社会出版社,2019 年,第 162 页。

（2）小组工作方法。

小组工作方法是通过小组活动过程及组员之间的互动和经验分享，帮助小组组员改善其社会功能，促进其转变和成长，以达到预防和解决有关社会问题的目标。[1]

运用绘画艺术治疗、儿童游戏等技术开展团体活动。"绘画是儿童表达自己最重要的途径之一。通过绘画，儿童不断地把自己的人格和情绪表达出来。儿童画可以反映儿童内心世界，描绘各种各样的情感，表达与心理状态相关的信息，并体现出人际交往风格。[2] 海德·卡杜森等在儿童游戏治疗的研究中指出，游戏时儿童正负面情绪都会出现，就像在真实生活中所经历的一样。因此父母、老师以及与儿童有关之人士都可通过游戏了解儿童，进而帮助儿童。[3]

根据团体动力学理论，带领者在设计过程中需充分考虑小组气氛和凝聚力、成员的参与和沟通模式、矛盾和冲突的解决模式、小组的成文和不成文规范适用性等因素，加强小组的凝聚力，以达成干预的目标。[4] 本案例干预活动内容涉及儿童的情绪管理、人际交往、潜能开发、生命教育、亲情连接、生涯规划和社会民俗活动。

3. 设定干预事项

从儿童心理健康得分表中筛选出的干预对象，由任课老师或村级儿童健康发展基地负责人评估该儿童实际状况，如果其行为表现与评分一致的列入小组成员，10—15 人组成一个小组。向留守儿童介绍小组活动的目标、活动方式、设置等，由其自主选择是否加入。团体小组活动次数一个周期为20 次左右。开学期间，活动地点选择在学校活动室，暑期活动地点选择在村级儿童健康发展基地。活动频率为每周 1 次，每次 60—90 分钟。在团体活

---

[1] 全国社会工作者职业水平考试教材编写组：《社会工作综合能力》，北京：中国社会出版社，2019 年，第 159 页。

[2] ［美］Cathy A. Malchiodi：《儿童绘画与心理治疗——解读儿童画》，北京：中国轻工业出版社，2005 年，第 1 页。

[3] 海德·卡杜森、查理斯·雪芙尔：《游戏治疗 101》，成都：四川大学出版社，2005 年，第 1 页。

[4] 全国社会工作者职业水平考试教材编写组：《社会工作综合能力》，北京：中国社会出版社，2019 年，第 162 页。

动过程中评估留守儿童存在的问题,将存在认知障碍、情绪偏差等问题的儿童纳入个案咨询对象。

带领者是国家二级心理咨询师、中级社工师资质人员,负责个案咨询活动和团体咨询活动过程的记录、活动效果的评估和总结。

(二)个案咨询活动

1.认知行为疗法的案例运用

认知行为疗法:是指治疗师在每个患者对特殊信念和行为模式的理解之基础上,寻找各种方法来引起认知改变,即矫正他们的想法和信念系统,从而为其带来情绪和行为上持久的改变。[①] 该疗法在本案例中的运用,主要针对存在自我认知障碍的留守儿童。

案例 1

(1)基本情况和干预效果。

小 A 同学一直以来一和同学聊天就紧张,不敢表达自己的意见,只能迎合对方的意见。这个现象让她很痛苦。最近因妈妈寄来的一个新玩具娃娃被同学玩坏了而引发自责,痛苦加剧。因为不情愿借而违心地借出去,小 A 觉得自己笨,认为如果表达了自己的意见,就会被同学孤立。这些事情导致小 A 上课走神,同学关系紧张,自我封闭。

本案例通过对小 A 的情绪事件、自动思维、中间信念、核心信念的识别与矫正,引起小 A 认知的改变,从而为小 A 带来情绪和行为上持久的改变,小 A 变得愉快、爱笑,且上课能认真听讲。

(2)干预过程。

第一步,认识事件与情绪。

①事件:和同学聊天时,同学对某件事做了评价,小 A 有不同的看法,但是没有表达出来,只是继续听同学讲。小 A 感到这件事很不舒服。

②针对事件的自动思维:小 A 认为要是说了自己的看法,同学会生气,以后就不会和她相处,所以决定不说。

③产生的情绪:伤心、害怕(心理动力被压制,转向自我攻击)。

家庭作业:记录引起情绪波动的事件,识别自动思维。

---

① [美]Beck J. S. 著、张怡等译:《认知疗法:基础与应用》,北京:中国轻工业出版社,2013 年,第 2 页。

第二步,识别自动思维。

①识别自动思维。

帮助小A识别"如果说了自己的想法同学会生气,以后就不和她相处的想法"属于自动思维。

②判别自动思维的类型。

自动思维有完全真实、部分真实或不真实三种类型。请小A判断属于哪一类型的自动思维。

判断结果是不真实的,因为她看到其他同学说了不同意见后,同学们仍友好相处。

家庭作业:将识别自动思维的方法运用在家庭生活中,辨别真伪。

第三步,识别中间信念。

中间信念引发了自动思维的出现。中间信念包含了对某件事的态度、规则、假设。中间信念稍纵即逝,平常很难自我觉察到。小A的中间信念包含了以下内容。

态度:没有同学相处是可怕的。

规则:如果被孤立,就不说。

假设:表达自己的意见,就会被同学孤立;而如果不表达自己的意见,就能和同学友好相处。

引发自动思维的结论是不表达自己的意见。

第四步,识别并矫正核心信念。

核心信念是信念的最根本环节,是全面的、牢固的和被过度概括的。[①] 小A的核心信念是:觉得自己是不可爱的,没有同学会喜欢她。

小A的思维模式过程如图4-1所示。

引导小A找出班级中人缘比自己差的同学。画一条线段,起点是0,终点是100%。确定这些同学在线段上的位置,如图4-2所示。帮助小A找回信心,让她明白在同学的心目中她还是挺受欢迎的,并交代小A留心观察在同学讨论时由于表达不同观点而不再往来的例子。

第五步,结束辅导和预防复发。

① [美]Beck,J.S.著、张怡等译:《认知疗法:基础与应用》,北京:中国轻工业出版社,2013年,第40页。

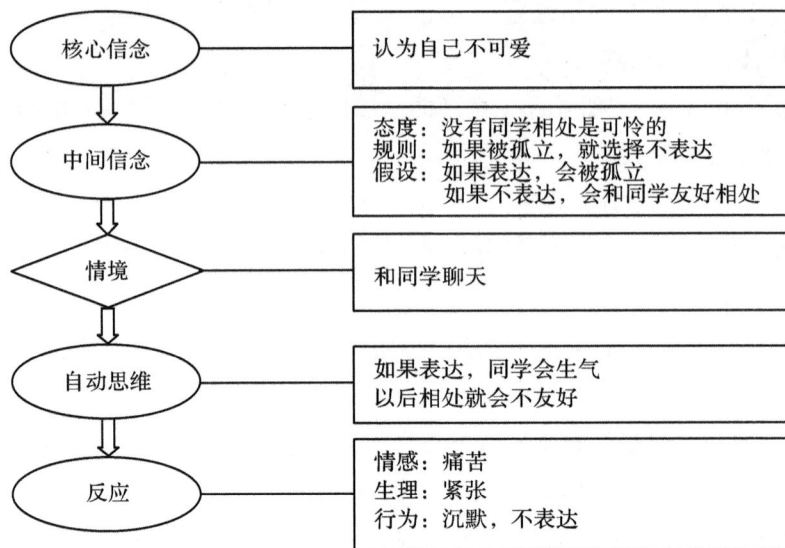

图 4-1　小 A 的思维模式图

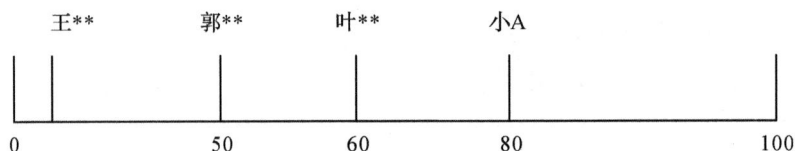

图 4-2　小 A 的人缘位置线段图

结束辅导：小 A 回顾，一周以来未发现同学们因表达不同意见而不再往来的例子，并且自己也在和同学的沟通中尝试着表达不同意见。小 A 对整个沟通过程的评估认为是轻松、愉快的，干预的前后改变为 9 分。

预防复发：当被问及假如以后再次发生不敢表达意见时怎么办。小 A 的回答是，她会告诉自己这是错误认知，即使表达了意见，同学们也会接纳她。

2.意象治疗的案例运用

意象是一种对外部世界知觉的内部表征。针对求助者体验到的情绪问题，在治疗关系中使用意象技术，能给他们提供一个直接而迅速地体验和认识复杂内心情绪状态的媒介。① 不去咬文嚼字的话,意象与想象差距不大。Frank 认为,那些个体在放松状态中产生的视觉画面有一种直接的宣泄作用,使得病人能够释放自己的过度情绪反应。② 该疗法在本案例中的运用,主要针对存在抑郁体验的留守儿童。

案例 2

(1)基本情况和干预效果。

小 B 是三年级学生,因学业繁重,每晚都到 11 点钟才能做完作业。经常哭泣、情绪低落、兴趣降低、失眠。

通过四步放松的辅导,小 B 体验到了成就感,小 B 的低落情绪、失眠等得以改善,作业质量明显变好,用时减少,学习兴趣有所提升。

(2)干预过程。

第一步,放松,引导进入地下室意象。

引导小 B 看到非常脏乱的地下室。

引导小 B 整理地下室。

引导小 B 看到整洁的地下室。

第二步,放松,引导看日出意象。

引导小 B 看到太阳从海平面冉冉升起。

引导小 B 体验暖暖的阳光照耀的感觉。

引导小 B 使用阳光储存在身体中给他带来的力量。

第三步,放松,引导去山中挖钻石矿意象。

引导小 B 体验挖钻石的感觉,记住体验(很兴奋)、表情(笑容)和感受(累转变为轻松)。

引导小 B 做继续体验成就感的练习。

第四步,放松,引导去爬山,登高远眺意象。

引导小 B 体验登峰前的感受(很累)。

引导小 B 体验登峰后的感受(兴奋)。

引导小 B 对比做作业的感受(如登山,先累后轻松,做作业有成就感)。

---

① [英]赫尔(Hall E)等著、邱婧婧等译:《意象治疗:心理咨询中的创造性干预》,北京:中国轻工业出版社,2010 年,第 10 页。

② [英]Eric Hall、CardHall、Pamela Strading、Diane Youne 著、邱婧婧等译:《意象治疗:心理咨询中的创造性干预》,北京:中国轻工业出版社,2010 年,第 19 页。

3.行为矫正的案例运用

行为矫正是指通过在心理学领域对人类行为进行分析和矫正。分析是指识别环境和某一特定行为之间的相互作用关系,从而识别该行为产生的原因或者确定为什么一个个体具有他所表现出来的行为。矫正是指开展和实施某些程序和方法,来帮助人们改变他们的行为,它包括通过改变环境影响行为的方法。[①] 该疗法在本案例中的运用主要针对存在焦虑体验的儿童。

案例 3

(1)基本情况和干预效果。

小 C 是三年级学生,在课堂上捣乱的行为越来越多,一旦被老师点名,马上纠正捣乱行为,一节课需要提醒三四次。作业拖拖拉拉,好几次没做。了解到小 C 的父母在外省且一个多月没跟小 C 联系了,班主任找小 C 谈心,小 C 表达自己想妈妈了,心里焦虑,虽知道自己捣乱行为不对,但就是忍不住。

通过示范、指导、演习和反馈等两个多月的行为矫正,小 C 上课捣乱的行为得到纠正,负面行为消退,正面行为建立并固定。

(2)干预过程。

第一步,示范和指导。

老师播放上课的视频,指出上课认真听讲的状态是如何的。对小 C 认真听讲的行为进行固定。

第二步,演习和反馈。

带领小 C 练习上课认真听讲的行为,并对小 C 认真练习行为给予肯定和表扬。同时约定在上课时,发现小 C 做小动作,会用咳嗽来提醒他改正。上课时,每节课都有两次点名请他回答问题的机会。连续执行三天,小 C 每天都认真听课,第三天下午放学后,小 C 来到办公室,用座机给妈妈打了三分钟电话。

将此情况反馈给小 C 母亲,请她配合在其他时间不要与小 C 通电话。在办公室通话中,表扬小 C 的认真听课行为。

通过两个星期的行为矫正,小 C 的捣乱行为明显减少。四个星期后,因

---

① [美]Ray mond G. Miltenberger 著、石林等译:《行为矫正:原理与方法》,北京:中国轻工业出版社,2004 年,第 4 页。

上课认真听讲,通话延长为5分钟。两个月后,上课认真听讲行为泛化至其他课堂。各科老师都反馈小C上课的捣乱行为消退。奖励方式由妈妈主动打电话到办公室转变为周末打电话到家,通话时长由5分钟增加至10分钟。

4.叙事治疗的案例运用

"叙事心理学"指的是心理学中的一种关心"人类行动的故事性"的观点或者立场,即人类如何通过建构故事和倾听别人的故事来处理体验。[①] 该疗法在本案例中的运用主要针对存在躯体体验的留守儿童。

案例4

(1)基本情况和干预效果。

小D是一个三年级的学生,经常一到学校门口就肚子痛,回家后就不痛了,每个星期总有三四次。因为经常肚子痛,奔波在杭州、上海各大医院一年之久,症状没有消失。

通过对小D肚子痛进行外化、改写意义、重新建构,并邀请重要他人见证小D的新行为,小D最终对学校恐惧的情绪有所减轻,行为有所改变,从以肚子痛拒绝上学转变到愉快、高兴、自愿去上学。

(2)干预过程。

第一步,外化。

外化通过运用背景、命名、改换指称等方式,帮助当事人领悟到人和问题是不同的,因为往往求助者认为问题就是自己的一部分,就像身上的器官那么真实。[②] 通俗地讲,就是让求助者接受、理解问题是问题、人是人。

引导小D领悟到肚子痛和他是两回事。冒着肚子痛的危险都要到学校去,而且不顾疼痛不断地尝试上学,说明小D的学习态度是端正的,上进心也是强的。外化的结论:小D是个爱读书的好孩子。

第二步,改写、例外、建构。

改写可简单描述成让行为背后的动机得到凸显,演绎成求助者的新生活的过程。例外是指不被问题控制的生活空间。[③] 建构则认为人对现实的理解不是客观的——一对应,而是个人或者社会通过语言建构起来的。在这

① 李明:《叙事心理治疗》,北京:商务印书馆,2016年,第31页。
② 李明:《叙事心理治疗》,北京:商务印书馆,2016年,第54页。
③ 李明:《叙事心理治疗》,北京:商务印书馆,2016年,第96页。

个过程中,语言会改变、筛选和转化人们的体验。①

某天有体育课,小 D 在班级里正常地上课,肚子不痛,这是例外。这个例外说明小 D 的肚子痛是外显的表象,内涵是不想上学,用肚子痛来逃避。小 D 在自己的暗示下,就真的肚子痛了。

引领小 D 思考一年前某天肚子痛,可以不上学,可以高兴地在家玩。肚子痛就可以不上学,这个行为是习得的。也可以不做这个行为,如不去淋雨就不会全身湿透。现在小 D 非常想去上学,不做肚子痛这件事,就能上学了!

第三步,见证。

见证是一个能让求助者在咨询中发现的新故事演绎成新的生命的过程。② 小 D 顺利地进入学校,没有发生肚子痛。邀请全家为小 D 的行为举行一个成长仪式,固定小 D 的成效。

(三)团体咨询活动

团体健康干预的过程是一个动态的连续性过程,选取 10 个主题,分别阐述每一次主题活动目标、活动安排、详细活动记录、观察分析和活动反思。其中,"我的鱼缸"帮助了解每个组员的家庭亲密模式和亲密沟通模式;"我的困难"帮助组员认识自我;"小狮子历险记"用来提升信心、鼓励行动;"我会好好生气"教会组员如何管理情绪;"我的第一本书"和"时间管理"帮助组员设定人生目标,进行科学规划;"给父母的一封信"和"脆弱的生命"既是感恩教育,又能帮助建立亲情连接;"挂件 DIY"和"冬至圆"用来锻炼组员们的动手能力,同时使组员享受到成功的喜悦。所有活动主题看似独立,实则循序渐进地帮助孩子发生着改变。

主题 1:我的鱼缸

目标:①成立小组,帮助组员了解小组的目标,提高小组凝聚力。

②对小组公约开展讨论并约定规范,使小组成员相互尊重和
配合。

③让小组成员相互认识、熟悉。

"我的鱼缸"主题活动安排,见表 4-1。

---

① 李明:《叙事心理治疗》,北京:商务印书馆,2016 年,第 84 页。
② 李明:《叙事心理治疗》,北京:商务印书馆,2016 年,第 108 页。

表 4-1 "我的鱼缸"主题活动安排

时 间	目 标	内 容	备注
5 分钟	小组带领者介绍自己,与组员互相认识,提高信任度	小组带领者做自我介绍:姓名、爱好、特长、工作内容、在小组中的角色	
10 分钟	1.组员互相认识并熟悉 2.增强凝聚力	1.组员分别做自我介绍(姓名、年龄、班级),分别用 5 个词语介绍自己的特点 2.采访组员的特点,并请他签字 3.依着采访的内容,每个人轮流介绍其他组员 4.姓名"串串烧"	
15 分钟	主持讨论制定小组规范,提高组员的归属感和责任感,约定小组活动纪律及禁忌	1.组员约定规范:保密、守约、文明用语等条约,并大声宣读全部条约,以示遵守 2.分别承担各种事务。如后勤组,负责活动场地的前后整理;召集组,负责活动前通知各组员准时到场	
25 分钟	1.小组带领者了解组员的家庭亲密模式 2.组员思考家庭的亲密沟通模式	1.画"我的鱼缸"。给每个组员分发一盒蜡笔、一张 A4 纸,请他们在纸上画出一个鱼缸,必须要有鱼爸爸、鱼妈妈和它们的孩子。其他元素可以自由发挥。在纸的反面写上自己的姓名和班级 2.画好后,根据自己画的内容,编一个故事,讲给其他组员听 3.带领者边听故事边做记录,以了解每个孩子的家庭亲密模式,并开展恰当的引导,让孩子思考某些错误的认知	蜡笔 A4 纸
10 分钟	1.帮助组员学会沟通的技巧、正确地表达情绪 2.讲解家庭的结构与文化传承	1.练习准确描述一个现象,向对方传递信息 2.识别父母的情绪,以合理的方式应对	
5 分钟	1.加强组员之间、带领者与组员之间链接 2.巩固小组动力和凝聚力	1.总结活动的内容 2.对每个组员的优点进行固定 3.分发礼物	礼物

刚开始介绍小组时,有组员表情冷淡地问:"是学习小组吗? 我已经在班级里参加学习小组了。"随着对小组工作内容介绍的展开,看到组员们的眼睛逐渐亮了起来,表情越来越轻松,嘴角开始带笑了。当听到"是以绘画、儿童游戏为主"时,儿童爱玩的天性立马展现了出来,露出了阳光般的笑容,身子在椅子上左右摇晃了起来。

在约定规范时,有组员对文明用语不说脏话这条有些犹豫,说:"有些词语我是脱口而出的,如'神经病',那我要怎么办? 这条就取消了吧。"带领者看着全体组员说:"A 同学这个问题,大家觉得如何帮他呢?"大家七嘴八舌说了很多的想法。带领者请 A 同学从其中挑几条有实践性的意见来帮助自己,让自己改掉脱口而出的脏话。

画鱼缸过程中,每个组员发挥自己丰富的想象力,所画鱼缸形状各异,鱼有大有小、有肥有瘦、数量有多有少。有几笔就画好了的,有沉思许久,迟迟不肯下笔的。有的用一种颜色填充全图,有的用不同颜色填充每个物体,使得整个画面色彩斑斓。

讲故事环节中,大部分的故事情节都是小鱼全家去动物园、游乐园疯狂地玩。有的讲到小鱼全家都待在家里,各自捧着手机玩一上午的。还有讲小鱼在家等父母回家的。小鱼与父母的关系:有亲密无间、共吃一个冰激凌的,有站在旁边看弟弟和父母玩得很嗨,而自己是满眼羡慕的。一张图很清晰地表现了这个家庭的亲子互动模式、亲密状态。艺术很快打破了人类的防御,让我们得以看到栖息在防御背后的心灵。有句话说"一幅画顶得上千言万语"①,果真如此。

观察分析:组员从活动刚开始时的拘谨到后来的放松,对陌生事物的防备到熟悉后的接纳、开放,都符合儿童的天性。而相互之间的认识,也为小组成员间关系更加融洽奠定了基础。在画画过程中,有组员说:"我不会画啊。""我不知道画什么啊。"带领者解释:"这次的画画不看画得好坏,只要能画出脑袋里想象出来的图像就可以了。"组员这才释然地下笔画画。讲故事时,有些组员会对其他组员讲的故事进行贬低、嘲讽,带领者喊了暂停,并让大家重新回忆刚确立的小组规则。后期没有再发生类似的事。

---

① [美]Lisa B. Moschini:《绘画心理治疗——对困难来访者的艺术治疗》,北京:中国轻工业出版社,2013 年。

借助绘画这个工具，绕开了他们内在的阻抗和难以用语言描述关系的坎儿，使家庭亲密模式与沟通模式无意识地表达了出来；同时"通过自我表达，当事人不仅可以一步一步地减轻内心的痛苦、紧张和混乱，减轻被孤立的感觉，而且可用形象的方式表现他们是如何处理日常问题的"[1]。周志建在《故事的聊愈力量》中描述，通过讲故事帮助我们"确认"这件事跟自己的关系，帮助我们辨识它是如何影响我们的，并看到自己内在隐藏的期待、感受及渴望。当我们开始讲故事时，我们就有了机会开始重新理解自己。[2] 在讲故事环节，组员们既讲述画中的故事，也讲出了自己心中的故事。

主题 2：我的困难

目标：①认识自我。

②了解组员面对的困难。

③寻找方法，降低困难对生活、学习的影响。

"我的困难"主题活动安排，见表 4-2。

表 4-2 "我的困难"主题活动安排

时　间	目　标	内　容	备　注
5 分钟	巩固上次活动的目标	反馈上次活动在生活中发生变化的感受	
10 分钟	1. 热身游戏，将注意力集中在此时此刻 2. 带出今天的主题	1. 玩"我逃、逃、逃"游戏。组员围成一个圆圈，右手曲拳，伸出食指抵着右边组员的左手手掌心。左手手指展开成手掌，掌心向下放在左边组员的右手食指上。朗读"我爱你"的短文，当读到"爱"字时，组员要尽最大努力抓住左边组员的食指，同时要尽快地让右手食指逃离右边组员的手掌抓握。当短文读完后，抓住食指的次数最多的为赢家 2. 记录优胜者	

---

[1] 杰拉尔德·D.奥斯特、帕特里夏·古尔德、科农：《绘画心理评估与治疗（第二版）》，南京：东南大学出版社，2013 年，第 2 页。

[2] 周志建：《故事的聊愈力量》，北京：华夏出版社，2016 年，第 85 页。

续　表

时　间	目　标	内　容	备　注
40分钟	我的困难	1.分发 A4 纸、蜡笔 2.在纸上写出 9 个自己目前面对的困难 3.与组员分享自己的困难 4.在 9 个困难中选出最想解决的 3 个困难 5.逐一分析困难的合理性与自己的关联性 6.开展头脑风暴讨论活动,对面对的困难开展全方位的讨论,并寻找解决方法	A4 纸 蜡笔
10分钟	1.总结 2.奖励	1.讲解困难所带来的正负面影响 2.对刚才所提出的解决方法进行归纳 3.分发小礼物。在"我逃、逃、逃"游戏中获胜的组员比其他组员多一份礼物	

　　第二次活动,各个组员准时到达现场。一见到带领者就开始问:"今天做什么活动?""今天会分什么礼物?""还继续画画吗?"带领者让大家安静地坐下来,请各个组员轮流分享上周在家与父母讨论上次主题时的感受、情绪、决定。有的分享"和父母讨论后,自己感到很愉快,我是父母的小棉袄",有的分享"我爸爸说,他在外打拼,要我在家认真读书,回家给我带礼物",有的分享"妈妈说,弟弟还小,所以要多照顾他。我长大了,要管理好自己,她也同样喜欢我的",有的分享"我爸说,以后会经常给我打电话",有的分享"妈妈让我暑假的时候去她那里,她带我玩"。等大家分享完后,发现每个家长都在安慰孩子,每个孩子的脸上都洋溢着笑容。留守儿童与父母的联系很少,也很虚。就算有了微信、视频等科技手段,也抵不过一次亲子在家面对面的聊天,家庭氛围的温暖不能少。

　　在玩"我逃、逃、逃"游戏时,尖叫声频频。有耍赖、逃避的言语,有"我赢了"的呼喊声,也有互相争得面红耳赤的一对。当短文读完后,组员们才哈哈大笑,觉得很好玩,甚至说要再玩一回。带领者问:大家在玩的过程中,都有什么情绪呢?"紧张""心慌""害怕""兴奋",还是"刺激"?"我明明抓住他了的,他使劲地抽出来,还不认。"这游戏很好地调动了组员的注意力,关注了此时此刻自己的心情。记录了优胜者后,就把话题带到了"我的困难"上。"对待困难的态度是像刚才那样逃呢,还是寻找方法去面对它?"这句话让所有的组员都思考起来。

请组员坐到桌前,用蜡笔在 A4 纸上或写或画出自己的 9 个困难。写前 4 个困难时,每个组员都写得很快。接着就有组员说不知道,写不出来了。带领者鼓励他们再想想。

个个皱眉冥思苦想。在 10 分钟时提醒还剩 5 分钟,15 分钟结束。基本上组员都写了 9 条,但也有一两个人只写了四五条。每个人的困难都不一样。有些困难看似幼稚:"肚子太小了,遇到好吃的吃不完""让我吃鱼、虾、鸡蛋饼……但对于本人目前是重大的难题"。有些已经思考到家庭:"爸爸妈妈离婚,很不好,希望快点复婚。""爷爷奶奶有一些病痛。""我家没钱,欠银行 20 万元。"有四个人的困难涉及学习。有一人的困难中写到了死亡:"我想死,我要死。"有一个有被害妄想:"每次都有 27 只狗在我家,我每次都被咬,被吓死了。"

让组员轮流向大家读出自己面临的困难,并表达这条困难给自己在情绪、生活中带来了哪些影响。朗读过程中,有几个孩子控制不住情绪哭了起来。带领者用接纳、包容、理解的态度面对孩子,营造温暖、支持、尊重的场域,让孩子感到被认同、被关心。

接着让孩子在列出的困难中,选出目前最迫切想解决的 3 个困难。两人一组互问这个困难"涉及的主角是谁?""我能为这个困难做些什么?"以澄清是家庭还是个人的困难,免得孩子混淆责任,以自己弱小的能力去承担家庭的责任。当孩子弄明白困难主要责任人时,再思考"我能做什么",从家庭成员的角度去思考自己能提供的力所能及的帮助,以增加家庭的凝聚力。当困难的主角是孩子自身时,由带领者示范苏格拉底式问句,对困难进行讨论,并形成可执行的解决方法。总结时表扬各个组员真诚的态度、热烈的讨论和无私的帮助。面对困难时的态度与行动是解决困难的主要力量,所以不退缩、不逃避,发掘周围环境的支持来面对与解决困难是最佳方案。解散前,给每个组员发放礼物,优胜者多一份。

观察与反思:整个活动的情绪分为三段。一是前 15 分钟,当热身游戏结束时,组员情绪轻松愉快,注意力高度集中在现场。二是"写困难"的前半段,个个情绪低落、心情沉闷。随着澄清困难、苏格拉底式问句的开展,孩子们脸上的笑容慢慢地展开了。三是最后 10 分钟的总结,使孩子们重新认识困难,引导孩子们增强信心,勇敢地面对困难和解决困难。

当看到孩子们写出的困难时,发现原先的思考狭隘了。9—12 岁的孩子正是天真烂漫、无忧无虑的年龄,本应有一个快乐的、朝气蓬勃的童年;但因为与父母的分离,一些孩子少了一份被关爱、呵护、支持,而多了一份担忧、孤独、紧张,从而引起了人际交往少、自我评价低、用错误行为引发关注等不良情绪和行为。

本次活动,让孩子在安全、接纳、温暖、尊重的场域中,开放、宣泄自己的不良情绪,是第一个需要达成的目标。当孩子有机会表达自己内心的不良情绪时,疗愈就已经发生了。当讨论结束时,孩子们脸上笑容满满,身体也变得放松了。

与孩子的沟通中,听孩子说最重要。

主题 3:小狮子历险记

目标:提升自信,鼓励行动。

"小狮子历险记"主题活动安排,见表 4-3。

表 4-3 "小狮子历险记"主题活动安排

时 间	目 标	内 容	备 注
5 分钟	暖场	情绪天气预报	
10 分钟	1. 检查上次活动的实践情况 2. 引出本次的主题	1. 轮流表达在实践解决问题的方法时,有哪些感受、体验、情绪,碰到的阻碍等 2. 请组员谈听过的记忆最深的故事	
40 分钟	提升自信,鼓励行动	1. 做深呼吸,把注意力集中在鼻尖上 2. 做三次深呼吸,放松身体 3. 讲述"小狮子历险记"	
10 分钟	分享体验	组员轮流表达自己的体验、感受	
5 分钟	总结	按照流程用一两句话概括内容	

第三次活动,没有组员迟到。见面用自己特有的方式打招呼。男孩子互相撞肩膀,女孩子拉拉衣服坐下窃窃私语。有个组员表达:"我从上次活动的第二天就开始盼望今天下午的活动了。"

反馈上次活动实践时,有的说:"我发现作业很难,就挑了我会做的题做了,不会的第二天带来问老师。老师第一次没有因为作业没完成而批评我。"带领者说:"嗯,你做得很好。"有的说:"我不再讨厌鱼虾了,但只喜欢红烧的,白水煮的我还是不喜欢。"有的说:"我上课举手回答问题,老师表扬我,我很开心。"有的说:"这个星期我没有和同学打架。"带领者问:"哇! 你是怎么做到的?"他说:"我不和他们吵架,我就不生气了,也就不会发生打架了。""嗯! 你做得很好。"每个组员轮流反馈后,发现他们都有不同的进步,但还要坚持。承诺他们,只要这个星期坚持下来,下个星期有奖励。

请组员在自己的座位上坐舒服,怎么舒服怎么坐。带领者引导组员做三次深呼吸,做放松训练,引导进入一个平静的画面,仿佛来到一个湖边,看着湖面平静如镜的画面……去体会平静的场景,体会自己内心的感受。

下面讲一个隐喻的故事,一个不必要刻意去听从的故事。这个故事是20世纪70年代,在英国BBC电台的一个节目。有一天,有个播音员突然生病,没办法广播。当节目开始的时候,另一个播音员需要把这个节目填上去。这是他没做事先准备的节目。于是他灵机一动,开始讲一个故事。这是小时候他妈妈经常给他讲的一个故事。很久很久以前,在一座森林中居住着一头狮子。这片森林非常大,也很黑。森林的中心,有一片湖,由于森林里常年有大风,所以湖面从没有平静过。这头狮子在这片森林中生活,没有见过湖面平静的时候,也从来没有到达过森林的边缘。据说在森林的边缘是炎热的沙漠。有一天,它真想走到森林的外面去,离开它熟悉的环境,去外面看看。私自做了这个决定以后,它就一路往森林的边缘走去。一路上,它吸着鼻子,呼吸到了新鲜的空气。空气也好像和平常不大一样,但又好像一样。沿路,它看到五彩斑斓的蝴蝶。它还想起小时候玩耍的情景,它总是玩着抓蝴蝶的游戏。一扑,好像抓到了,但又好像没抓到。它总是记得妈妈就在后面跟着它,看着它,表情中没有责怪它的意思,内心也充满着快乐。它有时抓到蝴蝶,有时没有抓到蝴蝶。它只是记得自己还是小狮子的时候,非常快乐。当它到达森林边缘的时候,它感觉特别疲劳。当它站在炎热的沙漠中,它感到口渴极了,于是它就去寻找水源。在不远的地方有一片湖,这个时候,强烈的风突然停了。这么多年,风从来没有停下来的时候。当狮子走向这片湖的时候,突然发现湖中有另外一头狮子在看着它。它心里一愣,心想,要不等那头狮子喝完了水以后自己再去。狮子疲惫地躺在湖边,等。它再想要喝水的时候,又看到一头狮子正怒气冲冲地瞪着它。于是它对自己说,还是再等等吧! 狮子又等了一会儿,累、饥渴、烦躁和愤怒在挣扎。它心里想着不管怎么样,都要喝到这口水;不管怎么样,宁愿打一架都要喝到这口水。狮子于是坚定地走向湖面。一头狮子真的怒发冲冠地看着它。它不顾一切地冲向那头狮子、冲向那片湖面。当它将头伸到湖面的那一瞬间,湖面的那头狮子消失了,于是喝到了甘甜的湖水。

当这个播音员播完了这个故事的一周之后,BBC电台收到了很多家长的来信。因为8点到9点是小孩子上床睡觉的时间,很多父母亲会在这个时间给小孩子讲故事。当很多家庭开着收音机听完了这个故事,大家发现有很多奇特的效果,就是孩子哭闹、尿床、磨牙的坏习惯渐渐消失或减轻了。于是他们强烈要求,每天晚上都重播这个故事。慢慢地,有很多成人也在听这个狮子的故事。慢慢地,他们也发生了很多的变化,发生了内在的改变。这就是BBC电台狮子的故事。

也许你没有记住这个狮子的故事的内容,一个字都没有听到,也忘记了很多的情节,也有可能你回想起自己过去的很多经历、过去的感受,让自己回到了过去。现在可以通过呼吸,把自己拉回到现在、当下的状态。(反复)用自己的方式走出催眠的状态,回到现在的房间里。

好,现在摸摸光滑的桌面,摸摸柔软的衣服,深深地吸一口气,睁开眼睛,完全清醒,活动一下身体。大家做得很好。

请组员反馈时,有的说:"我都睡着了。"带领者说:"嗯,没关系。"有的说:"我不记得是什么故事了。"带领者说:"嗯,没关系。"有的说:"这个故事一点都不好听。"带领者说:"嗯,没关系。"有的说:"这和我们有什么关系吗?"带领者说:"嗯,有关系也可以,没关系也可以。"有的说:"我觉得很轻松,像做了一场梦。"带领者说:"嗯,做得很好。"

观察与反思:在情绪天气预报环节中,体会到了组员对这个活动是真心的喜欢,都盼望这个活动的开展,对带领者也充分地接纳认同。对有动有静的活动模式是接纳和肯定的。第二次活动反馈显示,全部组员都有改变,效果参差不齐。有改变就好,还要防止反弹放弃。前半部分是让组员放松下来。后半部分讲述"小狮子历险记"故事,隐含着鼓励行动、挑战自我的意思。李永强和郝琦在《故事咨询师:心理辅导的隐喻操作》中这样描述:意识聆听到故事的表面内容,潜意识聆听到故事的深层结构;而故事的脉络则暗藏问题解决的可能性,从而巧妙地引导当事人改变意识,充实正向的自我能量。[1] 从放松的状态来看,每个组员都进入深度放松的状态,如反馈说:"睡着了""忘了什么内容"等,都是意识停止了活动,把大脑的活动交给了潜意识去控制。

主题4:我的第一本书

目标:①讨论人生目标。

②自我认识,评估现状。

"我的第一本书"主题活动安排,见表4-4。

表4-4 "我的第一本书"主题活动安排

时 间	目 标	内 容	备 注
5分钟	暖场	1.情绪天气预报 2.上次活动回顾	
10分钟	引出主题	1.新年你会玩什么? 2.你会在过年前做什么事情?	
40分钟	1.自我澄清 2.思考10年目标 3.成长规划	1.画出自己的现状 2.在最后一页画出10年后你在做什么 3.在画的过程中思考你要做什么才能达成你的目标 4.分享	剪刀 A4纸 蜡笔
10分钟	总结	有立则破	

情绪天气预报中:当活动来临时,心情就都好了。上次活动回顾:对坚持做改变的组员进行鼓励,对未坚持的寻找替换方法。新年你会玩什么?男孩子全都在玩游戏,女孩子更多地追剧。问他们:"你们是如何到达新年的?""时间一天一天过去的。""不上学放寒假了,新年就来了。""我睡一觉,新年就来了。"组员七嘴八舌地回答。带领者问:"那你们10年后会做什么呢?"组员回答:"不知道""我知道,我在读书。""我也在读书。"带领者问:"10年后,你们几岁?"组员回答:"我二十。""十九",基本都在这个年龄。带领者说:"接着我带大家做一本属于你们自己的书。"

---

[1] 李永强、郝琦:《故事咨询师:心理辅导的隐喻操作》,北京:清华大学出版社,2014年,第3页。

教会组员如何做成一本书后,引导组员在最后一页画出 10 年以后在做什么。在第一页画上现在的状态,在第二页至最后一页画出自己的历程。

剪纸做小册子时,可以让学会的组员带没学会的组员,这样带领者就不会疲于回答组员的问题。组员小册子里的内容会稀奇古怪,带领者要具备包容、接纳的态度。用"这是什么?""他在做什么?"等开放性问题去问,这会带来很多惊喜。内容都画好后,请他们在封面写上书名、作者。这本书就完成了。

在分享阶段,鼓励、支持组员多说一点,适当地装无知,多用开放性的问题去挖掘组员未表达的内涵。每个孩子都有他独特的一面,对每个理想都要保持尊重、包容的态度。

观察与反思:有组员面对困难,放弃了改变,这种现象很正常。因为会受很多因素影响,如环境、内在动力、困难的严重程度,这时如果父母在身边情况可能会有所不同。隔代教育的弊病是老辈的精力、文化、对社会的认识都与现实有差距,他们有心无力。所以当孩子出现一些坏习惯的苗头时,并没有得到及时干预,以致形成了不良行为。带领者与放弃改变的组员讨论是否有更合适的方法帮助其面对困难。

在思考 10 年后做什么之前,要让组员有个时间概念。在写现状时,引导组员分析自己的优、缺点。在写的过程时,引导组员思考要为 10 年后的目标准备哪些能力或技术。可以将目标分解成一个个小目标,并充分发挥想象力,或写或画表达完成目标的过程。

组员的目标各不相同,从中可看出每个组员都想着改变,都想着通过改变跳出现在的环境。组员的描述会浮于意识表面,如要努力读书、认真听课等等。带领者要通过提问,将表面的问题深化,让组员去思考,以促进组员在行为上的变化。

在最后总结时,要激发他们积极努力的行为,鼓励他们改变。

凡事预则立,不预则废。

主题 5:时间管理

目标:①认识拖延。

②学会时间管理。

"时间管理"主题活动安排,见表 4-5。

表 4-5 "时间管理"主题活动安排

时 间	目 标	内 容	备 注
5分钟	暖场	1.情绪天气预报 2.上次活动回顾	
10分钟	引出主题	1分钟能拍掌几下	
40分钟	1.时间管理方法 2.分享	1.撕纸条 2.时间分配 3.奖励 4.分享讨论	
10分钟	总结	从小的方面开始改变	

组员都很自然地分享今天的心情如何,并回顾上次活动后在生活中的体会。有个组员说:"我和妈妈通视频电话时,说了这件事,我妈一直笑,笑得我脸都红了。我问她为什么笑,她说是因为高兴。以前从没听我谈过这些,今天听了10年后做什么时,才发现我长大了。后来看到她在抹眼泪。我笑她又笑又哭,她才又开始笑了。你说好笑吗?"带领者:"妈妈看到你在思考人生,高兴了,但想到你一个人在家,思念你又哭了。以后有机会多打电话给妈妈。"

询问组员在1分钟内能拍掌几下时,"50""200""90""300""120"……组员们乱糟糟地大声嚷嚷。"好,那我们来试一下。"一阵掌声响后,"我有246。""我拍了236下。""我有280。"每个组员都说出了和刚才不一样的数字。"惊不惊奇、神不神奇,你们有没有觉得时间不够用的时候?""有,考试的时候。""星期天晚上,作业没写完的时候。"

三个人一组讨论时间不够用的主题,接着在大组分享。"刚开始写作业的时候,我会发现时间还有一大堆,就告诉自己先玩一会儿,等下肯定也来得及。然后就悲催了,发现时间一点都不够,只能熬夜写了。""我是因为感到很难,所以不知如何开始做,就在那里发呆。爷爷一叫我,才发现过去了很长时间。""我每次写作业,总觉得有其他比这个更重要的事还没做,就坐不住。"接着给每个组员发一张长纸条,这纸条代表一整天的时间,要求组员每做一件事,就撕下一段相应时间的纸条。讨论一天都会做哪些事,占用了多少时间。最后形成的结论是:除了吃、睡、上课,留下的时间只有3—4小时,还不包括作业和玩。周末的时间会多些,但除去补习班的时间,也差不多只有 4—5 小时。组员们惊讶了,原来自由的时间很短啊。继续讨论拖延会引起什么后果。答案基本上都是统一的:作业做不完、熬夜、被老师和家长骂,甚至引起学习退步、成绩退步。"有好处吗?""没有。"这次是异口同声、整齐划一地脱口而出。讨论总结拖延的原因:一是自信不足。觉得难,不会做。二是高估自己。觉得自己能在很短的时间里完成它。三是自制力不足。总被周围的事件吸引,忘了做。5 个人一组,讨论如何调整。回到大组反馈。组员们讨论出了很多调整的方法,看来他们都知道如何提高效率,只是做得少而已。

在总结时,表扬了拍掌最快的组员,多给了一份礼物。对调整后的方法重复一遍:一是在学校写作业;二是到家就写作业,不会的作业第二天带回来问老师;三是让家人监督、设定闹钟写满 30 分钟才开始起身休息;四是将桌面整理干净,只放与作业有关的物品,以把注意力集中在作业上;五是从小的事件开始做,完成后给自己奖励。

观察与反思:第五次活动,组员们的天性显露无遗。在没有影响到小组流程与动力的前提下,让他们自由发挥,这也是孩子在寻找关注的表现。当干扰到小组时,对他做个禁止的动作,等小组结束后,再和他讨论干扰因素。他说:"是因为无聊,就觉得要做点事,其他组员又不听我说,就开始捣乱了。"带领者分析:"你表达自己的想法,而没有人在听,表达的内容与主题相同吗?"他说:"刚开始是相符的,后来我开始说班上同学打人的事。"带领者:"你觉得在这里讨论这个主题合适吗?"他说:"不合适,下次我不说与主题无关的事了。""嗯,好,做得很好。下次你做与主题无关的事,我会做禁止这个手势,你就要停下哦。"

本次是第一次有组员在"捣乱"。反思后发现,带领者也有疏漏,在活动中没有很好地兼顾每个成员,这让组员有被冷落的感觉,他要找点"坏事"引起带领者的注意,甚至是惩罚也没关系。因为惩罚是关注的另一种表达形式。

主题 6:我会好好生气

目标:①认识情绪。

②学会情绪管理。

"我会好好生气"主题活动安排,见表 4-6。

表 4-6 "我会好好生气"主题活动安排

时 间	目 标	内 容	备 注
5 分钟	暖场	1. 情绪天气预报 2. 上次活动回顾	
10 分钟	引出主题	展示发火的图片	
40 分钟	1. 情绪分辨 2. 情绪管理	1. 描述自己发火的状态 2. 吹气球,吹爆它 3. 讨论 4. 吹气球 5. 讨论	气球
10 分钟	总结	情绪独白	

情绪天气预报中,有组员报告:每次都有这个环节,都腻了,觉得没意思。带领者问:"今天你在做情绪预报时,觉得每次都重复,没有新鲜感,所以都腻了,是这样理解吗?"组员说:"是的。"带领者问:"这个腻,让你联想到了什么?"组员说:"每天都要做作业,很烦的。"带领者说:"好,说得很好。现在你再体验下,你是对作业还是情绪报告有情绪?"组员想了一会,说:"是对作业烦。"带领者说:"好,现在你再体验下,现在的烦与刚才相比,哪个更强烈些?"组员说:"是第一个,第二次说时,就觉得烦少了点。"带领者说:"嗯,好。当你正确地表达了你的情绪后,你感受好些了吗?"组员答:"是的。"有时我们通过把感受到的情绪说出来,就能帮助大脑恢复情绪的平衡。①

组员反馈上次的时间管理在生活、学习上的应用,都说有效果,但也是三天打鱼两天晒网的状态。但组员经过上次的活动后,写作业整体的速度比以前快了。有 8 名同学还因此受到了老师的表扬。带领者问:"当因为你做作业的效率提高了,而被老师表扬时,你的感受是如何的?"组员回答:"我很自豪啊!"带领者又问:"那你有什么决定呢?"组员答:"我要继续下去。"带领者说:"好,你做得很好。"

PPT 展示一张发火的图片,问:"大家看到这张图片有什么感受吗? 你们也有过这样的体验吗? 现在请两两分享你的感受和体验。"每个组员都说:有,而且也发过火。再展示一张怒目相对的男女站在满地狼藉的房间

---

① 〔美〕丹尼尔·西格尔著、黄珏苹译:《青春期大脑风暴:青少年是如何思考与行动的》,杭州:浙江人民出版社,2015 年,第 71 页。

里,碎的碗、破的盆、撕破的书籍、有个大洞的衣服挂在吊扇上,墙上、地板上满是水迹。问:"大家看到这张图片有什么感受吗? 在你们的生活中有相似事件发生吗? 现在请两两分享你的感受和你的体验。"组员中有的说:"我摔过门。""切,只摔过门,我可是扔过玻璃杯。""我不但摔过铅笔盒,还撕过书、本子呢。"讨论得很激烈,就好像一定要说得比别人摔得多、摔得贵重,才有面子似的。喊停后,问:"你们摔了、撕了,接着发生了什么?""被我爸揍了一顿。""这顿饭不给吃。""后悔了。"带领者说:"后悔的,请举手。"结果全体组员齐齐地高举起手。"看到对方在发火而害怕地举起另一只手。"这次有几个人没举手。"你们能分享下,你们为什么不怕吗?""我都习惯了。""就不怕。"最后一个没说。

接着给每个组员发一个气球。带领者说:"现在大家要想象一下,你正在生气中,把你身体里所有的怒火吹进气球里,把它吹爆。"全体组员拼命地吹气球,随着气球一点一点膨胀,有组员就不敢吹了,捏着气球的手臂向外伸得很远,另一只手捂住耳朵,紧闭双眼。"嘣",有气球被吹爆了,吓得组员"啊"地尖叫起来。不断地有气球被吹爆,也不断地有尖叫声,有几个男组员特别兴奋,到处去爆其他组员的气球。当气球全爆完时,带领者说:"气球爆时,你们害怕吗?""害怕。""不怕。""当你们发火时,就如即将会爆的气球,也会给周围的人带去害怕。接下来,如何让即将爆炸的气球安全地变小,使你不害怕呢?"又给组员每人发一个气球,同样让他们将气球吹到让自己感到害怕的状态。接着想办法让它安全地变小,不让它威胁到自己。当气球被吹大后,有组员一下子就放开了手,气球在房间内乱飞一阵后才掉到地上。也有组员缓慢地放手,气球一点一点地变小。让组员回到自己的位置上,讨论前后两个过程都有哪些体验。组员发言:"发火让人害怕,但不让我发火,我也不舒服啊。""怎么让我爸不发火?""找个可以发火的渠道,这样就没人害怕了。""我一定要发火,那怎么办?"带领者解释:"不要恐惧情绪、害怕情绪、拒绝情绪。有情绪是正常的,情绪对于我们自身是有保护作用的。假如我们没有恐惧,就会让自己处于危险的状态,使自己受伤,甚至失去生命。管理情绪才是我们要做的事,让情绪只帮助我们,而不伤害我们。"

展示愤怒、伤心、失望、悲伤、无助等情绪图片,让组员猜测图片表达的是什么情绪,并造句,向组员表达。

以后在生活中,当自己情绪被激怒时,该怎么做? 一是用情绪形容词向对方表达,让对方知道他的行为冒犯了自己。二是用呼吸平静法。做深呼吸,缓慢地吐气,想象自己随着呼出的空气,自己的情绪也慢慢地平静下来。三是离开现场法。立刻离开现场,到一个安全的地方让自己安静下来。大家如果知道了情绪的内涵和缓解被激情绪的方法,就比其他同学更懂得情绪管理。

观察与反思:向组员澄清情绪的时间过得飞快,吹气球时的场面很热闹,活泼的组员们在这场景下不好制止,只是在旁边防备着不要发生摔倒等意外。

主题 7:给父母的一封信

目标:①加强与父母感情的连接。

②加强组员与父母之间的沟通和交流。

"给父母的一封信"主题活动安排,见表 4-7。

表 4-7 "给父母的一封信"主题活动安排

时 间	目 标	内 容	备 注
5 分钟	暖场	1.情绪天气预报 2.上次活动回顾	
10 分钟	引出主题	诵读讲解《游子吟》	
40 分钟	1.爱于细微处表达 2.勇敢地表达	1.回忆最喜欢吃的菜、最喜欢的玩具、最喜欢和父母玩什么。想想谁满足了你的欲望 2.表达渠道与方式	A4 纸 水笔
10 分钟	总结	世界上最伟大的爱是母爱	

情绪报告时,组员们变着法子表达,"我是大太阳,一早醒来,发现被遮住了眼睛,什么也没看到,还以为是晚上呢,原来是我的眼皮没睁开。一睁开眼,天空碧蓝一片,万里无云。晴朗的天空,轻松的心情。""我是小草,有露水的滋润、阳光的安抚,心情很舒畅。"带领者连连夸赞道:"大家都变诗人了,好事好事。继续保持。"上次活动回顾中,各个组员的发言有个共性:虽然还会发火,但发火的强度和频率没有以前那么强烈和频繁了。在发火时,都会想到我学过情绪管理,我懂得一些方法。

诵读《游子吟》。儿要远游,母亲不去阻拦,只是将自己的牵挂化作密密的针脚,缝进孩子的衣衫中,犹如千叮咛万嘱咐地护着孩子。孩子看在眼里,记在心里。可能是因为中华文化的内敛,他们都没有向对方说出自己内心的爱。

分组讨论最喜欢吃的菜、最喜欢的玩具、最喜欢和父母玩什么,想想是谁满足了你的欲望。对前两个最喜欢的,组员都能很好地说出来,其他组员都说要流口水了。对和父母玩什么,他说得很少。有组员说:"我爸妈整年都不在家。暑假团聚时,他们又很忙,没时间和我玩,和我聊的话题就是读书要认真,听老师的话。平时也是把我关在房间里的。"有的说:"我和父母没话好说,他们说得最多的就是好好读书,免得像他们这样辛苦。我也不知道和他们说什么好。"这应该是留守家庭的共性:父母没时间陪伴孩子,长时间与孩子分离,以致孩子和父母沟通生疏。"假如有机会,让你们对父母表达,你们会说什么呢?"请组员先思考5分钟。将A4纸与水笔、信封发给每个组员。带领者说:"将你们心里想表达给父母听的话语写或画在纸上,时间20分钟。"在5分钟的时候提醒他们一下。再两两分组,在自愿的前提下,讨论交流与父母沟通的内容。然后回到大组分享写给父母的一封信。

除了信件,我们还可采取什么方式与父母进行沟通?用哪些方式表达内心的想法更合适?组员们展开了头脑风暴。让爷爷奶奶传话、发信息、发微信、打电话、视频对话、写信、QQ聊天,还总结出好事要自己告诉父母、坏事让爷爷奶奶说的方法。看来还是想把最正面的形象留给父母。

总结时讲了一个故事。一个小女孩因琐事和妈妈吵架,负气离家出走,却因没钱买中饭,在一婆婆摆的面摊前徘徊。婆婆收摊前烧了一碗面给她吃。女孩很感激,把婆婆夸到了天上。婆婆骂了她,说:"你长这么大,也有十来岁了吧!你妈从你还是婴儿时开始,就一把屎一把尿地把你养大。每天、每月、每年给你烧饭,给你买衣服穿,供你读书,从没向你索取过什么,你有感谢过她吗?我给你一碗面,你就把我夸得比你妈好,你想过你妈的辛苦吗?快点回家去,向妈妈道歉!"女孩想想真的是这样的,自己之所以能每天无忧无虑地生活,其实都是因为妈妈在背后支撑起一片蓝天。她远远地看到妈妈那焦虑的神情,妈妈正在路上东张西望地寻找她。女孩快步迎上去抱着妈妈哭着说:"对不起。"妈妈搂着她说:"回来就好。回家吃饭了。"父母的爱是细水长流的支持,是润物细无声的关怀,这平凡的爱,容易被孩子们忽视,从而忘了向父母说声感谢。

观察与反思:家庭生活中,父母能通过几种社会化心理机制对儿童施加影响。第一,教导:父母的言传身教,直接向儿童传授各种社会经验和行为准则;第二,强化:父母采用奖惩的方式强化儿童的行为准则,并巩固这些行为准则的地位;第三,榜样:父母往往是儿童最早开始模仿的对象,儿童仿效父母,学习父母的行为方式;第四,慰藉:儿童对父母形成的依恋感使他们易于向父母倾诉不安和烦恼,以得到父母的安慰和帮助。[1] 父母由于长时间外出,缺少通过社会化心理机制对儿童施加影响的机会,只能通过其他的方式进行弥补,多沟通能起到很好的作用。

主题 8:脆弱的生命

目标:①理解生命的不可替代性。

②生命的意义。

"脆弱的生命"主题活动安排,见表 4-8。

表 4-8 "脆弱的生命"主题活动安排

时　间	目　标	内　容	备　注
5 分钟	暖场	1.情绪天气预报 2.上次活动回顾	
15 分钟	引出主题	1.观看鸡蛋的孵化过程 2.了解各种动物的成长过程	视频
40 分钟	1.体会生命的脆弱 2.理解生命的意义	1.利用报纸、胶带、塑料绳保护鸡蛋,使它从高处掉下也不破裂 2.讨论人活着的意义 3.颁发礼物	生鸡蛋、报纸、胶带、塑料绳、礼物
10 分钟	总结	珍惜生命	

情绪天气预报中,都很嗨。这活动对他们已经形成了一个动力模式,有了凝聚力。上次活动回顾中,有组员表示当天晚上就给父母打了电话。"没钱了吗? 要买什么吗?""都不是,今天就打电话问候一声。""作业都做完了吗?""都做完了。""还有事吗? 没有我挂了。"组员说:"今天老师让我们写一封给父母的信。让我们和父母多沟通。我想到好久没通电话了,就给你打电话。"母亲回答:"我也想你,只是有时忙了,就疏忽了。以后我也常给你打电话哦。"带领者问:"你和母亲的通话,给你带来什么情绪?"组员答:"开心。"带领者说:"嗯,与母亲的通话让你开心,你以后可以多打电话。"组员答:"是的。"

---

① 林崇德:《发展心理学》,杭州:浙江教育出版社,2002 年,第 352 页。

带领组员观看鸡蛋的孵化过程并讨论感受。当看到小鸡从鸡蛋壳里出来时,组员发出了惊讶的声音:"我是第一次看啊!""真的很神奇啊!"再观看各种动物孕育小生命时的天数。"我在妈妈肚子里要待 266 天左右。天啊,时间太长了!""时间最长的是大象,要 22 个月,都快两年了!""老鼠只要 20 天左右,时间最短了。""小鸡需要 21 天左右。"大家都感叹生命不容易,当妈妈不容易。

分成三个小组,给每个小组一个鸡蛋以及若干报纸、胶带、塑料绳。让每个组员轮流摸这个鸡蛋,呵护这个鸡蛋,它是能孵化出小鸡的蛋。要利用这些工具保护好鸡蛋,让它从三楼掉下来也不破裂。

每个小组设计各种方案,推翻后重来。确定方案后,实施行动。当三组都做好后,一起上三楼逐一将保护得严实的鸡蛋扔了下来。三个鸡蛋都碎了,组员们都沉闷地回到活动室。以小组为单位讨论:这次活动自己都有哪些体验?组员们说:"我很伤心,一个生命被我害了。""肯定是刚才的保护措施没做好。""老师,你要多给我们一些材料。"每个组员都为刚才的失败感到心疼、郁闷。带领者说:"小鸡的去世,谁最伤心?"活动室一阵寂静。"妈妈。""我奶奶。""爸爸妈妈。"……带领者说:"他们为什么伤心啊?"一组员说:"因为我是他们的宝贝啊!"大家哄堂大笑,室内的气氛轻松了许多。"因为他们爱我啊!""我比弟弟听话。""因为我是他们的孩子啊!"带领者说:"对,你是父母孕育的希望、寄托、传承,为了让你健康、快乐地成长,他们全心全意地奉献自己的一切。而失去你,对他们则是一个悲痛的打击。他们会怀疑自己的人生、能力,会否定自己,他们甚至愿意用自己的生命来换取你的生存。"

"好,接着,大家讨论下,哪些地点、行为会是给自己带来危险的?我们应该如何避免自己受到伤害?"小组讨论总结出:危险的地点有水边、公路上、悬崖边、高楼,危险的行为有玩火、玩刀、用力冲撞、打人、不明的药物、陌生人的食物。不去危险的地点,不玩危险的游戏,不做危险的行为。带领者说:"你们都做得很好。那我们为什么要活着呢?""为了吃饭啊!"又是一阵哄堂大笑。"为了爷爷奶奶。""不是,是为了爸爸妈妈。""为了我们的祖国。""为啥是为了祖国啊?""为了祖国的强大啊,墙上有句话,少年强则国强。我们是祖国的花朵,是朝阳。""对,你说得很好。人为什么活着?可从三个角度来说,即自身、家庭、国家。从自身的角度来说,是为了实现自己的价值;从家庭的角度来说,是为了让家庭更幸福,并为你们创造有利的成长环境;从国家的角度来说,只有你们每个人的强大,才能组成国家的强大,才能使我们的祖国立足于世界各国前列,为千千万万个儿童的成长撑起安全的蓝天。我们活着的每一天都有意义,对自身、家庭、祖国都是重要的一分子。那我们要怎么样活得更有意义?""每天认真读书、学习。""听爸爸妈妈的话。""长大后当解放军。""我要考大学,当科学家,到月亮上去。""好,你们都说得很好。"接着分组讨论,再大组分享。分享时,每个组员都豪言壮语地抒发了自己的梦想和憧憬。"你们目前最重要的是做什么?""学习,认真学习。"

总结时强调,从生命的诞生到成长、从生命的意义到体现,都展现了生命的珍贵与脆弱。实现生命的意义要从尊重生命、保护生命开始。

观察与反思:与孩子谈生命,要从寓意入手,从现实实际的事件引入。生命教育不仅要教会青少年珍爱生命,更要启发青少年完整理解生命的意义,积极创造生命的价值;生命教育不仅要告诉青少年关注自身生命,更要帮助青少年关注、尊重、热爱他人的生命;生命教育不仅是惠泽人类的教育,还应该让青少年明白和其他生命和谐地生活同在一片蓝天下;生命教育不仅要关心今日生命之享用,还应该关怀明日生命之发展。

主题 9:挂件 DIY

目标:①体验科技的神奇。

②体验成功的经验。

"挂件 DIY"主题活动安排,见表 4-9。

表 4-9 "挂件 DIY"主题活动安排

时 间	目 标	内 容	备 注
5 分钟	暖场	1. 伯恩斯量表施测 2. 情绪天气预报 3. 上次活动回顾	
10 分钟	引出主题	钥匙挂件的展示	钥匙挂件
60 分钟	1. 体验科技的神奇 2. 感受成功的经验 3. 了解塑料的起源	1. 在热缩片上画图形 2. 用吹风机定型 3. 刷保护油 4. 配零件 5. 介绍塑料的发展史	热缩片、水彩笔、图例、剪刀、吹风机、镊子、剪刀、配件
10 分钟	总结	1. 科学的发展 2. 伯恩斯量表施测	

暖场中,组员说:"我同学也想参加,是否可行?"带领者说:"这一期我们不收中途插班的同学。可以让她在第二期开展前申请。"组员反馈:"前几天,我问妈妈,我在你肚子里266天,你感到烦吗?妈妈说:'我是辛苦,有时也会烦,但当你出生后看到你,就舒心了,感到了轻松。我喜欢你。'我妈还和我说了很多话,我记不得了,她说喜欢我,我记得很深刻。""我妈说生我时,很辛苦的。我婴儿时体弱多病,到了上小学才好一些。"带领者问:"当你听到母亲描述你小时候的情景时,你都有什么感受呢?""觉得怪怪的!我真的是这样吗?""觉得很好奇,我妈说回来翻照片给我看。""我要抱抱我妈妈,让她知道我也很爱她。"带领者说:"好,你可以和父母分享你的感受、体验、情绪,让父母知道你爱他们,他们会很高兴的。"

展示几个钥匙挂件,有组员就问:"老师,这个是送给我们的吗?"带领者说:"不,不送的,这是样品。大家轮流发言,你喜欢这挂件吗?喜欢它什么?如颜色、形象或是实用性?"各种回答,每个组员的理由都不相同。带领者问:"你们自己做一个怎么样?"组员说:"我会吗?""我没材料啊!""不会做。"带领者说:"会的,我来教你们如何做,大家依着流程一步一步地完成,就能收获精致的挂件了。"

将材料分发给每个组员,大家依着图例,在热缩片上画自己喜欢的图像。有组员寥寥数笔,就画出了火柴人。有组员精雕细画,画出最美的形象。有组员说不会画。有组员问画大点还是小点。带领者耐心地一一回答,只有做好指导,才能让他们画得更顺畅、更完整些。当有组员画好后,就用吹风机将热缩片加工成型,这个过程必须注意安全,避免烫伤。用镊子固定热缩片,它被吹风机加热后会变形,变得很小,热缩片冷却后,再加上配件,就成了一个钥匙挂件。组员每画好一个图案,就加工一个。

当最后一个组员的挂件做好后,请大家围成圈坐下来,轮流分享这次的体验、情绪、决定。第一个组员说:"看样品的时候,我就特别喜欢,听说我可以自己做,那我就更兴奋了,因为我做的肯定是独一无二的,亲手做出自己最心爱的挂件,我觉得很幸福哦。我做的是一个小女孩,她穿着和我一样的衣服,我要把这个送给我妈,让它陪着我妈。"第二个组员说:"很神奇,刚才像作业本那么大的热缩片,现在变成了如同大拇指大小的挂件,而且画上去的图像一点都没变形,老师刷了保护油,说不会褪色。这是怎么做到的呢?老师能多给我一张吗?我回家还要玩。"第三个组员说:"自己动手很新鲜,我画的没样品好看,脸都画歪了,不过放在家里不让人看到就没事,我也想再要一张,重新做,会比第一个好。"每个组员都对自己做挂件很兴奋,觉得这很好玩;同时也了解了挂在工艺品店里卖的挂件是如何做出来的,并长了知识,知道了还有被热风吹会缩小的塑料片。以前的理解是塑料片被热风吹,就熔化掉了。

向组员们介绍塑料的发展、塑料的优点、塑料的品种。进行总结引导:随着人类的进步,每个时代都会有新的材料被人类发明出来。人类制作工具(刀、斧、锯等非容器)所用材料的顺序是:石—骨—铜—铁—钢。到现代,再加上橡胶、塑料等材料。更多的材料等着你们去发明哦。

观察与反思:整个活动场面很热闹,到后半段才安静下来。其间要注意被烫伤的危险,用剪刀时。避免伤害到自己或他人。

主题 10:冬至圆

目标:①了解二十四节气。

②体验动手做炊圆的乐趣。

"冬至圆"主题活动安排,见表 4-10。

表 4-10 "冬至圆"主题活动安排

时 间	目 标	内 容	备 注
5 分钟	暖场	1. 伯恩斯量表施测 2. 情绪天气预报 3. 上次活动回顾	
15 分钟	引出主题	二十四节气	
40 分钟	1. 了解做炊圆的全程 2. 学会做炊圆	1. 捏坯 2. 加馅 3. 食堂簇炊圆 4. 中华文化的传承 5. 吃炊圆	粉团、炊圆馅
10 分钟	总结	1. 文化的传承 2. 伯恩斯量表施测	

情绪天气预报能让组员们很好地把握自己此时此刻的情绪是什么样的,能让组员在内观、体验到自己的情绪的同时,做到自我了解。组员说:"今天我很开心,考试得了 95 分。"带领者说:"嗯,很好。你平时的努力得到了体现,让你取得了荣誉。"组员反馈,有同学向他要挂件,他没给。带领者问:"当同学向你要挂件时,你的感受如何?"组员答:"我很自豪啊!而且那

个同学学习成绩比我优秀。现在是我有他没有。再说了,这个是我亲手做的。他会不会还难说呢。"带领者说:"嗯,你很自豪。做挂件这事,你比他优秀,对吗?"组员答:"是的。"另一个组员说:"奶奶表扬我的手很灵巧。"带领者:"嗯,通过这件事,你奶奶知道了你的动手能力很强,做出来的物品很精致。"有组员说:"我把它放在枕头底下,晚上可以摸着它睡觉。"带领者说:"嗯,很好。它可以陪伴着你睡觉。"从反馈的内容来看,每个组员都对挂件爱护备至;而且都从中取得了各种不同的收获。

展示二十四节气的图片,介绍来历。带领者说:"今天是冬至,炊圆大家都吃过。做过炊圆的请举手。"没人举手。"现在给你们发粉团,做炊圆。"当粉团分到组员手中时,组员又是摸又是捏、揉,体验粉团的特性。接着就是一片叫嚷声:"我不会。""怎么做?""老师,他掐走了我的粉团。"带领者做示范捏圆坯、加馅、团成椭圆形,炊圆就成了。组员们学着带领者的手势,各自团手中的粉团。做得快的组员看到粉团还有多余的,就团了一个奇形怪状的炊圆。做完后,让各个组员拿着自己的作品,排队到食堂,将炊圆放在蒸笼上。看食堂大叔起火蒸炊圆。然后带组员回活动室,讲述中华文化的传承。

中华文化的特点:源远流长,博大精深……大家讨论下,生活中哪些事能体现中华文化。吃粽子、炊圆、年糕、农历新年、汉服、孝敬老人、《三字经》、皮影戏、戏剧、捏泥人、冰糖葫芦。集体智慧的优势显现得淋漓尽致。

食堂大叔将蒸熟的炊圆送过来。组员们却只看着,不敢下嘴。不停地嘟着嘴巴向炊圆吹冷风。

带领者问:"对今天的活动你们有什么感受?""我可以回去和外婆说,我会做炊圆了,显摆显摆。高兴。""好吃。""我可以带回家吗?""兴奋。""快乐。"带领者说:"中华文化的传承需要你们来延续。等你们长大后,要记得在冬至吃炊圆哦!""记得,记得。""我让我老婆给我做。"大家笑得东倒西歪。

观察与反思:活动很顺畅,将知识点的讲解与动手实践穿插起来,一动一静吸引了组员的注意力。活动期间需注意,组员做食品时手要保持卫生,去食堂时注意安全、避免受伤。

在完成小组所有主题活动后,小组面临着解散。带领者需注意组员的负面情绪,看其是否存在伤心、失落、自责、被抛弃等情绪,这些情绪进一步会引起退缩等负性行为。带领者要尽可能减轻负面情绪对组员的困扰,并且鼓励组员独自面对困难,培养自立自强的品质。

四、干预后评估

(一)评估模式

戴伊(Dye,1968)认为,要评估团体效果或成员的个人成长,可采取多元化的方式,从人员、方向两个方面、四个部分进行评估,这四个部分包括团体内自我报告、团体内他人反馈、团体外自我报告和团体外他人反馈。"团体内自我报告"采取的是个人行为检查、个人行为与反应评估、团体经验日记、自我成长报告等形式,但存在行为科学研究中"内省法""自陈量表"的不足,所得资料需谨慎评估。"团体内他人反馈"是领导者或观察者对团体成员的行为、态度通过评估或观看和分析录音带等形成评估资料,经常被运用在咨询研究与临床治疗效果的评估上。"团体外自我报告"较常用于实验研究的效果评估。"团体外他人反馈"是团队咨询成员的关系人根据成员的反馈意见来评估团体效果,此模式经常用作团体评估的辅助方式。戴伊评估模式中的各种方法可以合并使用,也可独立使用。[①] 本章采用了戴伊评估模式中的"团体内他人反馈"和"团体外他人反馈"两种方式。

(二)评估方法

常用团体评估的方法和工具有团体内观察、问卷、团体目标达成状况、评估量表、领导者评论表、观察者日志、录音录像等。[②] 本案例采用的评估方法主要是评估量表、观察者日志、录音录像等。带领者每次活动时能够记录活动过程形成工作日志,对组员的自我评估和他人评估采用团体成员评估量表(见表 4-11),采用伯恩斯 BDC 量表和 BAI 量表进行组员干预前后的对比测量(见表 4-12 和表 4-13),谈访组员、学校老师或基地负责人以观看录音录像的方法开展他人客观评估。

---

① 樊富珉:《团体心理咨询》,北京:高等教育出版社,2005 年,第 321 页。
② 樊富珉:《团体心理咨询》,北京:高等教育出版社,2005 年,第 329 页。

表 4-11　团体成员评估量表

姓名：　　性别：　　　年龄：　　　年级：									
1. |‖————|‖————|‖————|‖————|‖————|‖————|‖————|‖————|‖————‖								
1	2	3	4	5	6	7	8	9	10
对个人没有帮助									对个人帮助很大
2. |‖————|‖————|‖————|‖————|‖————|‖————|‖————|‖————|‖————‖								
1	2	3	4	5	6	7	8	9	10
对个人情绪的改变没有帮助								对个人情绪的改变有很大帮助	
3. |‖————|‖————|‖————|‖————|‖————|‖————|‖————|‖————|‖————‖								
1	2	3	4	5	6	7	8	9	10
对整体活动不满意									对整体活动很满意
4. |‖————|‖————|‖————|‖————|‖————|‖————|‖————|‖————|‖————‖								
1	2	3	4	5	6	7	8	9	10
对个人的收获不满意									对个人的收获很满意

表 4-12　伯恩斯 BDC 量表

根据在过去数天内,下面各种情绪对你的困扰程度,在右侧相应栏里打钩（√）				
	0 无	1 轻度	2 中度	3 重度
1.悲伤:你觉得悲伤或泄气吗?				
2.沮丧感:你觉得前途渺茫吗?				
3.自我评价低:你觉得内疚、自己没用或低人一等吗?				
4.兴趣缺乏:你对工作、爱好、家庭或朋友不感兴趣吗?				
5.自杀冲动:你觉得活着没有意义或不如死了好吗?				
1—5 项的总分　→				

表 4-13 伯恩斯 BAI 量表

根据在过去数天内,下面各种情绪对你的困扰程度,在右侧相应栏里打钩(√)	0 无	1 轻度	2 中度	3 重度
1.感到焦虑、紧张、担心、惊慌、害怕				
2.感到紧绷,疲乏或无法放松				
3.感到压力、烦躁或濒临崩溃				
4.出现令人恐惧的幻想或让自己害怕的想法,幻想				
5.躯体感到紧张,例如僵硬、肌肉紧张、呼吸急促或心跳过速				
1—5 项的总分 →				

(三)评估结果

1.伯恩斯量表评估运用

运用伯恩斯 BDC 量表(抑郁 5 项指标)和 BAI 量表(焦虑 5 项指标)进行干预前后的对比测量,有 80% 的孩子的情绪有明显改善。孩子们通过情绪宣泄、辅导老师的接纳、受关注以及小组同伴的支持与场域的包容,降低了抑郁与焦虑的情绪体验,缓解或调整了因不良情绪与行为而引起的悲伤、孤独、沮丧、焦虑、紧张、烦躁和人际交往障碍等心理行为问题;干预者应鼓励他们重拾信心,学会管理情绪的方法,提高管控情绪的水平,以不断适应学校生活,提升人际交往和沟通表达能力。

2.戴伊模式评估运用

团体活动结束后,对每一位组员开展三方面的评估:团体内自我评估、团体内他人评估和团体外他人评估。团体内自我评估是由带领者根据团体成员评估量表进行提问,并记录组员自评结果。团体外他人评估是由组员所在学校班主任根据组员参与活动前后发生的改变做出的客观评估。团体内他人评估是根据组员在活动过程中的参与情况和活动前后发生的改变,由带领者做出评估。

采用戴伊评估模式进行综合评分,组员在参加小组活动前后发生的变化的综合评分为 8.67 分(总分为 10 分),团体内自我评估平均分为 9 分,团体外他人评估平均分为 8 分,团体内他人评估平均分为 9 分。对组员根据性格特征和心理行为存在的问题进行分类,例如自信心不足、主观意识强、忧郁、孤僻等四种案例的评估结果如表 4-14—表 4-17 所示。

表 4-14　个案 A 组员评估结果

项　目	评估内容
性格特征	自信心不足
心理行为存在的问题	人际交往障碍
团体内自我评估	活动对我有帮助，我以前在家人面前是很冷漠的，现在在所有人面前很开朗（用双手在脸旁比了个开心的手势）。参加活动前后对比，现在变得幽默了。老师表扬我现在语言表达能力很不错。写作文时语言神态动作鲜明。比以前更乐观、活跃。对活动很满意。综合评分为 10 分
团体外他人评估	A 同学在参加活动前后变化很大，现在的她自信、好学。关爱留守儿童的活动很好。这活动让留守儿童在心理上得到更好的帮助，我们是大力支持的。A 同学前后变化综合评分为 9.5 分
团体内他人评估	A 组员在全组中鱼缸画得最小，"我的困难"描述的是与同学的人际交往处于纠结紧张中，在描述情绪时，表情最痛苦。这些因素都指向 A 组员自信不足、人际关系紧张、退缩、自我封闭。经过一段时间的辅导，A 组员有了明显的改变，表情变得轻松了，学会和伙伴开玩笑了；组员互动时，身体姿态是打开的，与伙伴互动表情是自然的，情绪表露真实

表 4-15　个案 B 组员评估结果

项　目	评估内容
性格特征	主观意识强
心理行为存在的问题	脾气不好，容易生气，不愿分享
团体内自我评估	每次活动都对我有帮助，以前我和爷爷奶奶生活在一起，脾气有些暴躁，现在好一点了，以前会和爷爷奶奶顶嘴，现在不会了。以前上课是不听的，现在比以前好点了，成绩也有提高了。综合评分为 10 分
团体外他人评估	B 同学在参加活动之后感恩之心比以前多。每次活动结束后，会带礼物与我分享。这次活动教留守儿童如何去表达爱，爱不是口头上说的，而是用实际行动来告诉家人，这次活动要继续做下去，对他们的一生都有影响。在他们长大后，不仅爸妈爱他们，社会也会关爱他们。要让他们知道世界是充满爱的，并要把爱反馈给世界。B 同学前后变化综合评分为 8 分
团体内他人评估	B 组员刚开始时是高冷型的，主观意识较强，以自我为中心，不顾其他组员的感受。到活动后期，他会照顾到与他搭组的组员，不与他抢话头，并将礼物带回去与老师分享。有时还会帮忙带领者分发活动材料。从高冷型、以自我为中心的处世方式到愿意让别人先说、会帮忙干活的转变，体现了他的成长

表 4-16　个案 C 组员评估结果

项　目	评估内容
性格特征	忧郁,自我评价低
心理行为存在的问题	爱哭,遇事手足无措
团体内自我评估	以前挑食,不喜欢吃鱼、虾之类的菜,参加这次活动后,现在会吃红烧的菜,我变胖了。活动对我有帮助,好玩。综合评分为 6 分
团体外他人评估	C 同学以前看起来比较忧郁,遇到事情会哭,手足无措,经常呆呆地坐在座位上。参加关爱留守儿童的活动后,第一反应会说:我遇到什么事情了,会表达。对关爱留守儿童的活动非常支持。因是留守儿童,父母不在身边,性格比较内向一些,参加活动后,与同学的交流更多了。希望活动能从本班扩展到别班同学。C 同学前后变化综合评分为 8 分
团体内他人评估	C 组员长得偏矮,性格懦弱,对自己评价低,爱哭。随着活动的开展,发现在她脸上的笑容越来越多。闲聊时,问她还讨厌鱼、虾这些菜吗?她反馈说没了,喜欢吃红烧的菜。在小组中,闹的频率低了。跟她开玩笑,她也没像以前那么紧张了。会表达、会沟通了,这就是改变

表 4-17　个案 D 组员评估结果

项　目	评估内容
性格特征	孤僻
心理行为存在的问题	严肃,不爱说话
团体内自我评估	活动对我情绪上的帮助是:以前我是很慌张的,现在认真了;以前我是比较孤僻的,现在和同学相处得很融洽了。综合评分 10 分
团体外他人评估	D 同学以前一直不会表达,现在与以前相比会积极地举手。因是留守儿童,父母不在身边,性格比较内向一些,参加活动后,其与同学的交流更多了。对关爱留守儿童的活动非常支持。D 同学前后变化综合评分为 7.5 分
团体内他人评估	D 组员是严肃型的,不苟言笑。第一次活动时,组员在讨论,他就静静地坐在那里听,也不发表意见。轮到他发言时,他只说了两个字:很好。活动开展到后期,发现他在分享时,开始说得多了起来,也愿意和周围的人聊聊天;但一闭嘴,他还是严肃型的。我开玩笑说他是中国版高仓健,可他听我介绍了高仓健后,说:"我是装的,因为以前没人听我说,我才这副德行,现在我也喜欢表达的。"一个人当他知道他说话别人愿意听时,就会多讲。因为以前的成长环境,一个人的时间太多而忘了说话,现在发现能找到人说话,他就愿意改变自己。环境会塑造一个人的性格。他从孤僻转变到愿意说话、沟通,恢复了少年活泼的本性

第五章　温岭市农村留守儿童健康发展促进体系建设现状及问题

一、本章主要内容

本章先介绍浙江省温岭市的基本情况,再分别对温岭市农村留守儿童健康发展促进体系的建设和建设过程中存在的问题进行阐述。

第一,阐述了温岭市农村留守儿童健康发展促进体系建设现状。温岭市已形成"政府主导、家庭尽责、部门联动、群团协同、社会参与"的留守儿童关爱保护体系,广泛开展"关爱儿童"活动项目。通过创新建立农村儿童健康发展服务模式,依托村级儿童健康发展基地,开展农村儿童健康服务,促进农村留守儿童健康成长。

第二,阐述了温岭市农村留守儿童健康发展促进体系建设过程中存在的问题。从活动成效来看,受各种主客观因素限制,"活动项目"质量仍偏低,高质量项目培育难度较大、成本较高;从服务团队建设层面看,医务专业人员、教师、心理咨询师等专家提供的儿童健康关爱活动有效时长相对有限,而非专业人员因专业素养偏低,提供的有效服务项目也相对有限;从儿童健康活动供给层面来看,儿童健康活动覆盖面不够广,需求和效果评估有待加强。

二、温岭市农村留守儿童健康发展促进体系建设现状

温岭市地处浙东南沿海,是浙江省台州市所辖县级市,是浙江省妇女儿童"十二五"发展规划实施示范县(市、区)之一。温岭市先后获得"全国农村综合实力百强县(市)""全国农民收入先进县(市)"和"国家级可持续发展实验区"等称号。温岭市 2016 年被命名为国家妇幼健康优质服务示范市,2017 年被命名为国家卫生城市。温岭全市陆域面积为 926 平方千米,海域

面积为 1079 平方千米；下辖 5 个街道 11 个镇，90 个社区（居）委会，579 个行政村，2019 年底户籍人口达 122.21 万，其中 18 岁以下人口为 20.71 万，占总人口的 16.95％。截止 2019 年底共有在校流动儿童 33319 人、留守儿童 3329 人，其共占在校学生人数的 29.75％。

（一）以政府为主导、部门联动的工作开展情况

温岭市人民政府出台诸多促进儿童健康发展的相关政策。2013 年出台《温岭市关爱农村留守儿童工作实施方案》。2016 年签约浙江大学医学院附属儿童医院（简称浙大儿院）后，使温岭市妇幼保健院成为浙大儿院温岭分院（图 5-1），省级优质服务资源下沉惠及温岭百万家庭。同年发布《温岭市

图 5-1　温岭市时任分管市长朱明连（右一）与浙大儿院时任院长舒强（左一）签署协议

"村级儿童健康发展"示范基地试点工作实施方案》，将留守儿童纳入基地重点人群服务范畴。2017 年建立村级儿童健康发展示范基地建设工作领导小组，创新建立农村儿童健康发展服务模式。同年发布《温岭市十三五儿童发展规划》《关于切实加强农村留守儿童关爱保护工作的实施意见》，建立农村留守儿童关爱保护工作联席会议制度，形成"政府主导、家庭尽责、部门联动、群团协同、社会参与"的留守儿童关爱保护体系。如图 5-2 所示。

**图 5-2   温岭市副市长梁丽萍(左二)在台州市"村级儿童健康发展"
示范基地建设工作现场会上致辞**

温岭市教育局分别在 2016 年、2017 年发布《关于进一步加强留守儿童关爱保护的意见》《关于开展留守儿童关爱活动的通知》,开展在校(园)农村留守儿童的关爱保护工作,重点加强农村寄宿制学校建设,要求各中小学建立留守儿童档案登记制度、留守儿童谈心制度、关爱留守儿童的应急机制、留守儿童心理疏导机制,为农村留守儿童提供与外出务工父母的情感联系和亲情交流等服务。学校开展留守儿童关爱活动的具体措施有:开展致留守儿童父母一封信活动,学校通过手机短信或纸质信件的形式向父母介绍儿童在校情况;组织留守儿童临时监护人培训活动,引导留守儿童临时监护人在关注留守儿童物质生活的同时,更加关注留守儿童的精神需求,引导培养积极的心理品质和独立自主能力。在留守儿童父母集中返乡之际,对留守儿童进行实地家访,全面了解留守儿童的家庭生活状况,加强与其父母及临时监护人的沟通交流,针对留守儿童的学习、生活情况,与家长共同制定帮助孩子成长的个性化关爱措施。中小学校均开设心理健康校本课程,专设心理健康辅导教师,对留守儿童的显性和隐性的心理问题进行疏导。一些留守儿童较为集中的学校建立了留守学生德育监护制度,并实施代管家长制。温岭市 80 多所初中、小学建立了留守儿童代管家长制,代管家长制即教师和留守儿童结对,教师代行家长职责,从学习到生活全程负责。部分学校为留守儿童建立了心理档案,包括留守儿童个人的爱好特长、个性心理、身体状况、家庭的经济状况、家庭气氛、家长的教育方式与态度和孩子的学习情况等等,随时了解掌握儿童的心理状况,有针对性地进行关爱、辅导。部分学校还开展了爱心家庭结对活动,如箬横镇新区小学有48名留守学生,学校根据实际情况,使每个留守儿童与本班同学的爱心家庭结对,爱心家庭会定期把留守儿童接到家里,与自己的孩子同吃同住,以对家庭缺位、亲子教育缺失的留守儿童进行亲子教育。2019年,市公安局派出134名民警到全市中小学校兼任法治副校长,定期对留守学生进行法纪安全教育,加大对农村中小学校园及周边环境的综合治理力度,保障留守儿童合法权益不受侵犯。

温岭团市委自2012年起实施"候鸟守护计划"。该项目由温岭市青年志愿者协会承办,依托市青年社会组织服务中心、青少年活动中心、市12355青少年服务台和各镇(街道)党群服务站、青年服务站等实体阵地,联合全市16个镇(街道),在温岭各候鸟守护站开设候鸟守护班。项目旨在对外来务工子女与留守儿童进行安全教育,向其传授道德规范、普及文化知识,形成全社会关爱农民工子女的良好风尚。经过5年的发展,"候鸟守护计划"服务已逐步扩展至学业辅导、亲情陪伴、感受城市、自护教育、心理健康等方面。"候鸟守护计划"已在温岭市各社区陆续建立了近30个候鸟守护站,举办暑期候鸟守护班250余期,累计整合各类资金120万元,开展农民工子女专项活动530余场,志愿服务时长累计达2.1万小时,服务农民工子女2.2万人次。[①]

市妇联创建村居(社区)儿童之家544家、企业和校园等儿童之家419家,创建省级示范点1家、台州市级示范点2家和温岭市级示范点134家,已实现村居(社区)儿童之家全覆盖。于2015年举办首届"阳光娃成长守护计划"公益项目创投大赛,共举办各类活动205场(次),参与儿童达13950人次。"阳光娃成长守护计划"工作经验获国务院妇儿工委办副主任张立批示。市妇联还通过广泛动员妇联干部、社工和义工等巾帼志愿者力量,组建一支"妇工+社工+义工"的"阳光妈妈团",开展多种形式的关爱帮扶活动。积极探索"1+X"儿童安全网格化管理模式,聘请2016名"阳光妈妈团"成员为儿童成长导师,并按区域将她们纳入16个网格,建立"结对导师"档案2489份。2015年,"阳光妈妈"带领儿童参与社团活动或自主开展结对活动,为儿童提供学业辅导、心理疏导、生活指导等服务。[②]

---

① 搜狐网,https://www.sohu.com/a/329309896_642378,2020年2月25日。
② 浙江省妇联官网,http://www.zjswomen.org.cn/art/2016/4/29/art_7_27306.html,2018年3月5日。

市关工委在法院、检察院、公安局、企业等建立了18家"阳光驿站",形成了普法预防—结对帮教—安置帮扶的"阳光"关爱格局,为380余名失足失范青少年提供法律援助、亲情抚慰、心理矫治、行为矫正、安置帮扶等服务。以坞根红军小学为核心,打造区块性红色教育基地群,创建未来教育实践中心、阳光心港、智慧乐园等16家关心下一代教育阵地,覆盖素质拓展、劳动教育、文化传承、心理咨询、社会体验等,每年受教育的青少年达60万人次。248名"五老"骨干结对关爱211名困难青少年;全国少先队优秀辅导员俞明德(温岭市关工委副主任)工作室有"五老"志愿者19名、少先队辅导员23名、青年志愿者5名。"五老"宣讲团有骨干队员50多名,他们进校园、进社区、进企业,为青少年讲解"垦荒精神"等台州城市精神,帮助孩子们扣好"人生第一粒扣子"。

市民政局设立儿童福利督导员16名,儿童主任654名,组织实施"合力监护、相伴成长"关爱保护专项行动、"孤儿医疗康复明天计划"和"添翼计划"等项目,为困难儿童提供兜底保障。

市卫健局建设省级三优中心2家,市级三优中心14家,孕妇学校23家,育儿学校17家,每年接受优生优育优教知识宣传教育和技能培训者达5万人次,2016年率先启动温岭市"护心林"公益项目(图5-3),致力于儿童"先心"疾病早诊早治。

图5-3 启动温岭市"护心林"公益项目

2016年,市卫健局联合市妇联、红十字会、市计生协会创新村级儿童健康发展基地建设,该项目本着"政府主导、社会参与、面向家庭、服务儿童"的发展思路,倡导以生理、心理、心灵健康为主题的科学育儿理念,建立守护家庭健康、促进家庭文明的妇幼健康和家庭发展工作目标。温岭市明确"建机制、保基本、找差距、补短板"十二字工作方针,通过创新探索农村儿童健康发展服务模式,寻找留守儿童健康水平与普通儿童健康水平之间的差距,补齐短板,保障儿童公平享受公共卫生健康服务。自项目开展以来共投入资金638.23万元,共建有村级基地16家,开展农村儿童健康促进活动,对留守儿童、困境儿童开展帮扶。有关领导视察基地情况,如图5-4—图5-6所示。

图 5-4 浙江省卫健委妇幼处处长张万恩(左二)视察松门镇南咸田村基地

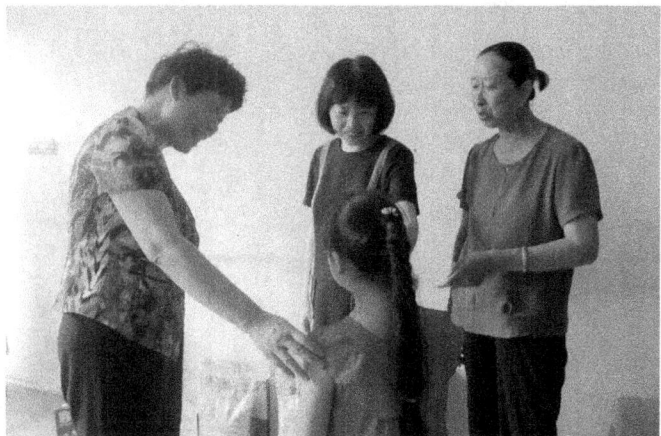

图 5-5 台州市卫健委党委委员、台州市计生协会副会长李滨(左二)和温岭市卫健局党委书记、局长袁为民(左一)对困难儿童家庭开展帮扶

图 5-6 原台州市卫计委副主任叶青(左二)、家庭发展处处长孙海渝(左一)视察基地

2019 年,温岭市卫健局召开出生缺陷防治工作研究会(图 5-7),浙大儿院舒强教授团队赠送了《出生缺陷规范》省地方标准创新科技成果(图 5-8),指导和推动温岭市儿童出生缺陷防治工作深入开展。

**图 5-7 分管市长梁丽萍(左二)在温岭市新生儿"先心"筛查工作推进会暨
出生缺陷防治工作研讨会上致辞**

图 5-8　浙大儿院舒强教授团队赠送《出生缺陷综合预防规范》省地方标准创新科技成果产品

(二)"关爱儿童"活动项目开展情况

"心芽"儿童帮扶项目。项目创立于 2015 年,由温岭市人民检察院联合当地街道、学校等共同创建,通过协调各类救助资源等组合措施,开展宣传预防犯罪知识、防范儿童受侵害、受侵儿童心理帮扶等活动,着力增强儿童的安全意识和自我保护能力,预防和减少儿童受侵案件的发生,引导受侵儿童走出困境。项目成立由检察官、医生、教师等组成的宣讲团,通过共享心理救助资源,为儿童及家庭,尤其是受害者及家庭成员提供专业心理帮扶。此外,法制宣讲团、心理帮扶团、社工志愿队、学生志愿队等四支志愿者队伍,也深入学校、社区,联合开展知识宣传,为受侵儿童提供专业心理帮扶和司法救助。①

"七巧板乡村课堂"。箬横镇乡村七巧板课堂由镇团委、关工委、妇联、计生协会等联合创办,旨在给寒暑假里的村娃送上欢乐,促进他们健康成长。团队主要以培训教育、趣味活动为主要活动形式,推出关爱留守儿童阅读梦、儿童心灵成长坊、儿童圆梦行动、文明微课堂等儿童公益项目。2017

① 中国台州网,http://www.taizhou.com.cn/news/2015-04/05/content_2133804.htm,2018 年 3 月 5 日。

年邀请了杭州师范大学的师生一起加入"候鸟守护"行动,开展"青春健康阳光同行——青春期同伴主题教育"活动。①

　　温岭曙光义工"快乐成长"服务项目。温岭曙光义工的前身是2005年发起成立的温岭第一支义工队伍,是一支拥有1586名注册义工、16支乡镇义工服务队、5支专业义工队的义工组织,开展的义工服务项目丰富。2016年起开展"益路同行"快乐成长留守儿童关爱活动,项目服务宗旨是"在安全上,要时刻提醒;在生活上,尽可能帮助;在心理上,细心观察、多方沟通;在学习上多予以指导;在交往上,鼓励融入社会大家庭",项目通过爱心班课、各类主题活动丰富孩子们的课后及周末生活,减少留守儿童心灵的孤独和寂寞。②

　　逸嘉心理咨询服务项目。温岭市逸嘉心理咨询服务中心成立于2014年7月,由青年志愿者协会"心灵沟通工作室"项目孵化而成,工作团队现有成员30人,其中心理咨询师28人。自成立以来,先后开展了"禁毒志愿者在行动""中高考学生心理减压活动""'5·25'学生心理健康日"等活动,"一起走"留守儿童健康干预项目为留守儿童提供心理干预,申报民政局公益创投"方舟远航"困难家庭陪伴支持项目为困难儿童提供服务。③

　　百人百城公益助学项目,由温岭市青年企业家协会组织成立,已为贫困学生提供一对一资助65人,每个学生每学年不低于2000元。④ 另外,还提供"暖童计划""满天星微心愿圆梦行动"等项目服务。

(三)村级儿童健康发展基地建设情况

1.建立管理服务体系

　　建立镇、村两级农村儿童健康发展基地建设工作领导小组。市级领导小组由分管副市长任组长,市卫健局、市妇联、团市委、市红十字会等四部门共同参与。镇级领导小组由分管镇长任组长,社管办主任、妇联主席、示范基地所在村(居)书记(或村长)为副组长,镇(街道)相关工作人员、村卫健服

---

① 搜狐网,http://www.sohu.com/a/157691981_774591,2018年3月5日。
② 温岭曙光义工网,http://www.wlyg.org/info.asp? id=437,2018年3月5日。
③ 温岭日报,http://wldaily.zjol.com.cn/html/2015-05/04/content_1429708.htm? div=-1,2018年3月5日。
④ 中国台州网,http://www.taizhou.com.cn/news/2016-08/22/content_3113190.htm,2018年3月5日。

务员（或妇女主任）为组成成员。明确各部门、镇（街道）、社管办主任、妇联主席、村级管理员等职责。部分村级儿童健康发展基地启动仪式，如图5-9、图5-10所示。

图 5-9　坞根镇东里村儿童健康发展基地启动仪式 1

图 5-10　城南镇彭家村儿童健康发展基地启动仪式 2

组建以市妇保院专业技术人员、市红十字会志愿者团队为主的讲师团，分期分批赴各基地开展面对面服务。镇级建立以卫健服务员为主体，计生协、NGO（非政府组织）等社会组织共同参与的志愿者服务队，开展常规性活动。通过召开基地建设工作推进会、儿童健康促进工作会等会议，部门联合颁发市级师资聘书，志愿服务团队接受专业培训，基地间开展经验交流等措施，持续推进志愿服务团队建设。活动情况，如图 5-11 所示。

图 5-11　部门联合为市级师资颁发聘书

2. 健全申报、评估和奖罚机制

制定《温岭市"村级儿童健康发展基地"评估细则》（见附录 2），明确组织领导、设施设备、师资力量、宣传教育、课程体系、课程内容、效果评价等 7 个方面的评价指标。硬件准入条件有：专人负责项目试点工作，且具备儿童之家、村图书室及文化礼堂等硬件条件，有专用的健康教育室，配备科学育儿工作所需的基本设备、教具及各类宣传手册，满足工作需要。人员准入条件有：基地从事科学育儿工作的工作人员，每年定期参加科学育儿知识培训或讲座，镇（街道）级团队成员具备儿科或儿童保健医师资格。

各镇（街道）根据村级儿童健康发展基地准入条件，结合《温岭市"村级儿童健康发展基地"评估细则》的要求，年初初步筛选出拟创建示范点，书面申报至市卫健局，市卫健局联合其他部门组织人员进行现场评估，符合准入条件的列入本年度创建名单。年末，组织人员对项目基地进行评估。评价指标主要包括:项目基地面向辖区(包括流动人口)及家长开展咨询服务和训练课程,儿童家长知晓率达80%以上;项目示范点每月至少提供2次咨询服务,咨询服务对象主要是留守家庭、低收入家庭、低保家庭、单亲家庭和流动人口特困家庭。

对项目基地实施动态管理。经评估合格,成效明显的,市级给予表彰,颁发"温岭市村级儿童健康发展示范基地"牌匾,并对"村级儿童健康发展基地"实施补贴;对工作开展不力、成效不明显的项目基地责令其限期整改,整改不力的取消其项目资格。

3.畅通基地服务供给运营体系

(1)基地运营模式。

基地依托村文化礼堂(图5-12)、儿童之家(图5-13),建有家庭图书分馆、健康小屋(图5-14)、健康教育室及儿童户外活动场地。为确保基地活动有序开展,各基地管理员通过建立儿童花名册及特殊儿童名册,掌握服务对象情况。充分发挥村级卫生计生服务员网底优势,遵循普惠原则,动员基地所在村妇女儿童积极参与活动。建立宣传平台,利用微信公共平台、微信群发布活动信息。建立儿童健康发展基地活动制度、儿童安全看护制度、物资管理制度、志愿者服务队建设制度、家庭图书分馆借阅制度(相关制度见附录3)。组建志愿者服务队,吸纳卫技专业、幼教专业技术人员参与。年初安排全年活动计划,基地活动每月至少开放两次。有条件的基地同时创建家庭图书分馆(图5-15、图5-16),由市图书馆提供流动书籍配送服务。家庭图书分馆每周开放12小时以上,为辖区内儿童提供课外阅读和家庭亲子阅读的机会。基地配有休息场所,有幼儿活动专区,内设有幼儿玩具。基地负责人也充当了周末临时照护服务人员的角色,协助农村家庭开展周末儿童照护工作。

图 5-12　坞根镇东里村文化礼堂

图 5-13　城北街道山马村儿童之家

图 5-14　松门镇南咸田村健康小屋

图 5-15　台州市卫健委人口家庭与妇幼健康处处长孙海渝(左一)为基地赠书

图 5-16　基地家庭图书分馆内景

（2）市级卫生健康服务情况。

建立市级儿童健康发展服务清单，为各基地提供菜单式服务。制定儿童健康发展基地全年节日活动（见附录 4），明确健康素养、重要节日、传统节日、孝文化等节日活动主题和具体课程内容。市妇保院结合创建省级儿童早期发展示范基地活动，为各基地建立孕期至出生后 3 岁全程服务体系，开展0—3岁儿童生长发育评估筛查（图5-17）、营养评价、心理行为测试；为4—14岁儿童提供传染病防治（图5-18）、五官保健（图5-19）、意外伤害防护（图5-20）等健康服务。相关镇（街道）卫生院在全国首创设立村级健康小屋，为辖区儿童提供健康体检服务。市妇保院通过开设多动症科普宣教和家长情绪管理等课程，为语言迟缓自闭症儿童等特殊个案提供有针对的性指导干预。市红十字会结合"人道主义"宣传，开展红十字运动知识、意外伤害的应急救护（图5-21）、紧急避险与逃生的培训与演练，让儿童从小接受人道主义教育和安全教育。市逸嘉心理咨询服务中心针对特殊儿童提供咨询服务，开展青少年亲子关系辅导、危机干预、学习能力提升等项目活动。

（3）镇级卫生健康服务情况。

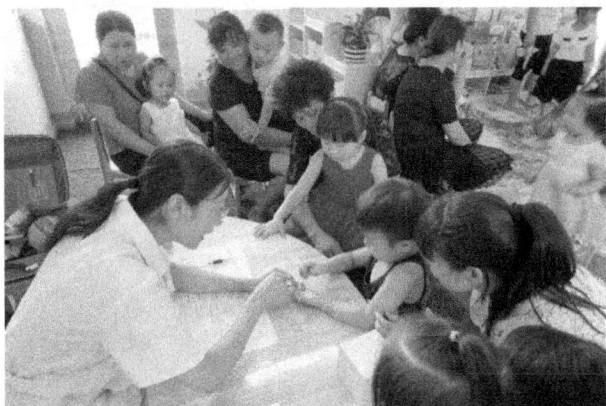

图5-17　市妇保院开展发育筛查评估

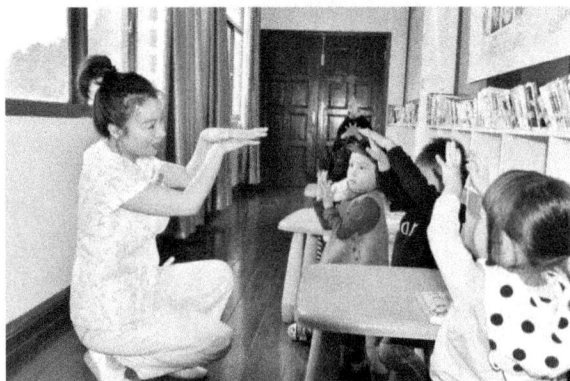

图5-18　市妇保院开展居家护理讲座

图 5-19　市妇保院开展爱牙日科普活动

图 5-20　市妇保院开展暑期安全宣传活动

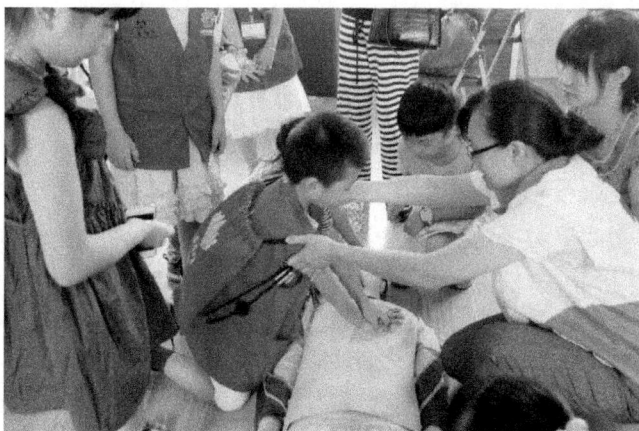

图 5-21　市红十字会开展心肺复苏培训

　　辖区卫生院提供0—6岁儿童健康管理、预防接种、常见病和多发病的诊治等服务（图5-22），结合国家基本公共卫生服务使用 ASQ 方法为0—3岁儿童提供生长发育筛查和监测服务，对发育偏离或发育异常的儿童做到早发现、早诊断、早治疗。为家庭育儿提供指导和开展健康教育宣传，以利于他们及时、准确地掌握带养知识，促进儿童身心健康。关注生命1000天儿童早期健康发展，为0—3岁目标人员提供儿童健康管理、养育风险筛查、咨询指导、养育小组活动和家访服务，以普及儿童早期发展、科学育儿知识与技能，改善3岁以下儿童健康和发展状况。为4—14岁儿童每年提供1次健康体检服务，对4—6岁儿童进行动态生长发育监测和儿童常见疾病的早期筛查、干预指导，对小学二年级学生开展窝沟封闭预防龋齿项目等。

图 5-22　卫生院儿童保健专业医师提供保健服务

　　（4）村级基地活动开展情况。

　　村级儿童健康发展基地关注儿童体质发展、心理健康和心灵成长，利用传统节日、儿童健康节日（如爱牙日、爱耳日等）开展卫生保健、孝文化、农耕文化（图5-23）、传统文化主题教育（图5-24、图5-25）活动。提供的生理健康服务项目主要有建立健康档案、开展健康体检、开展健康讲座、开展健康咨询、0—6岁儿童早期智力发育筛查，以及幼童感知、认知、运动、语言、心理等发育评估。健康教育课程包含儿童安全救护、五官保健、口腔保健、儿童家庭护理等儿童健康相关课程。提供的心理健康服务主要有"阅读节"故事分享会、孝文化教育活动、暑期大学生心理辅助课程等。另外，还通过各种技能课提升社会适应能力，通过开展传统文化教育、红色革命教育等课程提升道德素养。

图 5-23　农耕文化

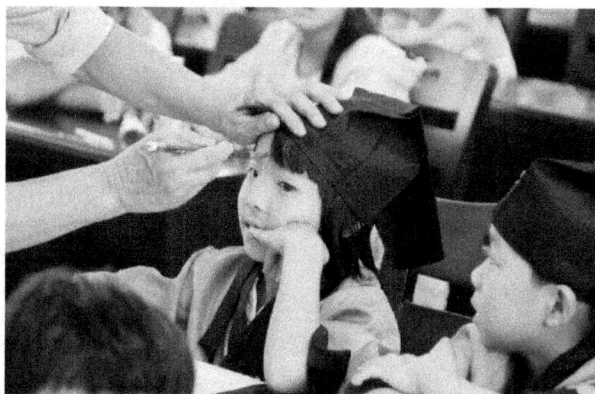

图 5-24　传统文化启蒙教育

图 5-25　传统节日亲子活动

在关注儿童综合健康素养的同时,各基地因地制宜,创新发展地方特色。松门镇发展儿童认知、手绘等"彩虹田"艺术创新活动;箬横镇打造镇级儿童健康发展基地,贯庄村建有气象、消防科技馆,整合箬横小学"聚匠坊"车模、航模等资源,开展科技教育主题的活动,建有高龙书屋开展国学、传统文化教育活动;坞根镇打造红色摇篮,依托红军小学开展红色文化宣传活动,开展非遗文化灰雕制作的传承教育活动(图 5-26);新河镇利用人口文化艺术团活动,培养非遗传统文化接班人,开展少儿戏曲文艺表演培训;等等。

图 5-26　灰雕制作

村级儿童健康发展基地每周开放,丰富的活动吸引了大量儿童的积极参与。基地活动的开展为家庭亲子分离提供了有力的支撑系统,留守儿童加入、融入基地活动,有利于消除或削弱焦虑感、抑郁感等情感体验,提升社会适应能力,提高综合素质,促进其生理、心理、社会适应的全面发展。

案例 1

受助对象小 A,女,15 岁,家住温岭市坞根镇花溪村东里,母亲生下她几个月后就外出打工。父亲在外打工时因受惊吓而精神分裂,经常复发,靠药物稳定病情。父母离婚后,小 A 从小和爷爷、奶奶生活在一起,也记不清母亲长什么样子。奶奶身体不好,家里缺乏经济来源,主要依靠爷爷的微薄收入。由于家庭的原因,小 A 性格很内向,不爱多说话,从小就不跟别的孩子玩耍,不愿出门,经常把自己一个人关在家里,更别说学习方面的辅导了。

自从 2016 年东里村级儿童示范基地开设以来,基地负责人(也是该村卫健服务员)每次都把小 A 叫过来一起参加活动。一开始她不愿意来,就算来了也是一个人坐在角落里,不会融入集体活动。参加的次数多了,慢慢地就开始有了变化,性格逐渐开朗起来,也愿意跟其他小朋友互动,带她去市级活动中心参加活动,也愿意去了。

考虑到小 A 的家境非常困难,基地负责人联系了好几个志愿服务队说明情况。各志愿队主动帮助她,经常给我送来钱、学习用品和生活用品。

2018 年,小 A 爷爷由于癌症去世。这让这个原本困难的家庭更是雪上加霜。基地负责人联系了一个志愿服务队,免费资助小 A 到高中阶段的学习费用。这样一来,小 A 在学校的学习费用有了保障,她也能安心学习了。

小 A 跟大家说:现在有这么多人关心她、帮助她,她一定要好好学习,绝不辜负这么多好心人的期望。她说到也真的做到了,2019 年以所在学校最高分数考入温岭中学(省一级重点中学),大家都为她感到高兴。

三、温岭市农村留守儿童健康发展促进体系存在的问题

促进农村留守儿童健康发展服务体系建设,采取有效干预措施是留守儿童健康关爱工作的关键。温岭市创新建立农村儿童健康发展促进体系,"政府主导、部门合力、全社会参与"工作格局基本形成,以村级儿童健康发展基地为基点,社区(村、居)融合各种资源积极参与留守儿童健康关爱工作,目前留守儿童健康服务管理体系健全,采取的健康干预措施主动有效,包括留守儿童在内的农村儿童参与度高,群众反响普遍较好。农村留守儿童健康发展促进体系建设是一项系统性工程,在实施的过程中仍面临着诸多问题,需要不断发展和完善。

(一)政策层面的问题

温岭市从政府层面出台了关爱留守儿童的相关政策,部门职责分工明确,建立了由市、镇(街道)、村三级儿童健康发展促进体系组成的组织架构。从工作成效来看,有关部门履职的结果参差不齐,且大多数部门各司其职,形成的合力不够。关爱留守儿童健康成长的经费支持不够充分,关爱留守儿童的政策在很大程度上停留在纸面上,行动层面的干预需要进一步提升。

以政府购买服务形式的"活动项目",质量仍偏低,高质量项目培育难度较大、成本较高。

(二)服务团队建设层面的问题

目前,参与健康项目有效供给的服务团队成员大都为社会工作者,有少数医务专业人员、教师、心理咨询师加入。由于相关健康专家数量过少,能提供的儿童健康关爱活动有效时长相对有限。由于专业要求过高,培育孵化专业队伍困难较大。参与儿童健康关爱活动的社工、义工专业技术素质偏低,志愿者服务团队的服务能力偏弱,导致判别生理、心理、社会适应能力的健康问题存在困难,提供的有效服务项目相对有限,健康关爱活动仅限于助学、帮扶、送温暖等形式。由于政府购买服务经费投入不足,NGO 对儿童健康项目的创办积极性不高,从而影响到服务团队建设。

(三)儿童健康活动供给层面的问题

一是覆盖面不广。目前,温岭市共建有村级儿童健康发展示范基地 16 家,各镇(街道)至少配备 1 家,主要服务对象为基地所在村(居、社区)辖区内儿童。温岭市共有 579 个村(居、社区),健康项目覆盖面远远不够,配套资金、健康服务团队人力资源问题都制约着基地项目的进一步扩大。

二是专业性不强。儿童健康发展基地和儿童之家的正常运转需要 1 名具体负责的工作人员,该工作人员通常由村(居、社区)卫健服务员或妇女主任来担任。由于工作人员专业技术能力不足,在健康活动的安排上缺乏系统性、持续性,家庭共同参与的氛围不浓。有些搞形式主义,体现不出实效性,如很多留守儿童"代理"家长名不副实。

三是需求和效果评估有待加强。在关爱留守儿童健康成长过程中,对留守儿童的需求评估,群体范围仅局限于研究对象,评估范围需要扩大。未开展需求评估的关爱活动缺乏针对性,具体措施落实困难。同时,参与对象受益情况也缺乏科学的评估,健康活动的效果评价有待加强。

第六章　国内外儿童健康发展的经验分析

一、本章主要内容

本章总结澳大利亚、加拿大两国儿童健康服务的经验，对比分析我国重庆市农村留守儿童健康发展模式，主要内容包括：

第一，澳大利亚注重处境不利儿童的早期教育与照看，主要体现在学前教育的政府财政投入职责重心上移，实施需求侧资助模式，尝试建立一体化服务中心，增强幼儿教师队伍为处境不利儿童提供服务的能力。可借鉴的措施有：提高农村和偏远地区幼儿教师的待遇，培养教师应对儿童特殊或额外需求的能力，支持幼儿教师与家庭合作。加拿大非常重视社区与家庭间的有机互动，加拿大的福利政策、相对配套的政策支持系统均比较成熟，在社区管理、社区参与、高校如何发挥作用等方面均有借鉴意义。

第二，本章再次分析了留守儿童在身体、情感、心理和学习等方面存在的偏差。我国留守儿童总体数量大，而重庆市是留守儿童占农村儿童比例最高的地区之一，对重庆市农村留守儿童健康发展的具体措施和经验进行总结：出台丰富的政策文件，建立健全工作机制，加快推进寄宿制学校建设，实施"学生营养工程"，开展留守儿童节假日送温暖活动，探索多种关爱模式，提高农村教师队伍素质，NGO积极参与帮扶。

对以上国内外先进经验和理念进行比较和综合，为进一步健全温岭市留守儿童健康发展促进体系提供借鉴。

二、外国儿童健康发展的经验

（一）澳大利亚政府扶助处境不利儿童的经验

早期教育对儿童的身体健康、社会性发展及认知发展有着极其重要的意义，尤其是对处境不利儿童的早期教育与照看还可以对其特殊需要进行早期筛查,以便及时采取有效措施加以应对。澳大利亚是世界上实行早期教育与照看的先进国家,其政府在这方面开展的工作值得借鉴。①

1.澳大利亚政府扶助处境不利儿童的背景

澳大利亚政府对处境不利儿童照看的扶助政策开始于《儿童照看法1972》的颁布。处境不利儿童主要包括母语非英语的儿童、土著儿童、低收入家庭儿童及偏远地区儿童等。提供早期教育与照看的服务性机构大约50%是营利性的,其中全日托中心高达66.5%。②

2.澳大利亚政府扶助处境不利儿童的具体措施

澳大利亚政府将《澳大利亚儿童早期发展统计》作为调查工具开展儿童健康发展调查,统计儿童在身体健康与幸福、社会参与、情感发展、语言和认知技能、交流技能与常识等5个领域上的发展状况。

联邦政府采取以下三项措施为处境不利儿童提供早期教育与照看:一是为中低收入家庭提供儿童照看补贴。二是通过各类项目计划对某些合格的服务提供者进行资助。"社区支持计划"旨在帮助偏远地区建立服务场所或维持其运转。"基于预算拨款计划"的重点在于支持位于农村、偏远和土著地区的非主流机构服务。"全纳和专业支持计划"的目的是帮助合格的服务机构提高服务处境不利儿童的能力和维持高质量的工作队伍。"父母与儿童家庭互动计划"是一项在学校教育开始的前1年实施资助的育儿和幼儿发展干预计划。三是通过签订合作协议,联邦政府为州和领地政府提供援助。如《土著儿童早期发展全国合作协议》,支持在土著人口密集的地区建立多所儿童和家庭中心。

州和领地政府创新儿童早期教育与照看服务模式。建立一体化服务中心,为家庭提供包括儿童早期教育与照看、家庭与育儿支持、儿童和母亲身体健康服务在内的混合式服务。一体化服务提供方式受到澳大利亚若干州政府的大力支持。昆士兰土著教育委员会指出,早期教育与照看不应孤立地提供,为家庭提供整体性的支持将确保儿童和家庭的需求得到有效满足。一体化服务中心可根据不同社区的需求提供相应的服务,一般会向儿童和

① 赵强:《澳大利亚政府扶助处境不利儿童接受早期教育与照看研究》,《教师教育学报》2017年第2期。

② Productivity Commission. *Childcare and Early Childhood Learning*. Canberra, 2014.

家庭提供普遍性和针对性的服务,这对那些农村和偏远地区的家庭、土著家庭,以及具有其他额外需求的家庭来说显得更为重要。

3. 启示和借鉴

澳大利亚政府在扶助处境不利儿童方面所做的工作给了我们以下几方面的启示:一是学前教育的政府财政投入职责重心应上移。我国中央政府应当在学前教育财政投入上扮演主要角色,并通过政府间的合作协议为地方政府尤其是偏远地区的乡镇政府提供资助。二是实施需求侧资助模式。即由中央政府制定直接针对处境不利儿童家庭的学费资助计划,使这些家庭的儿童能以极低的成本或免费接受学前教育。三是尝试建立一体化服务中心。可考虑在农村和偏远贫困地区、少数民族地区以及城市外围的流动儿童聚集地建立一体化服务中心,提供包括幼托与学前教育服务、儿童与母亲健康服务,以及育儿技能发展服务在内的多项服务。四是提升幼儿教师队伍为处境不利儿童提供服务的能力。可借鉴的措施有:提高农村和偏远地区幼儿教师的待遇;在职前教育和在职培训中,把应对儿童特殊或额外需求的能力作为重要内容;支持幼儿教师与家庭合作,帮助家长为处境不利儿童创造良好的学习环境。

(二)加拿大发展社区儿童健康服务的经验

作为一个高福利的经济发达国家,加拿大非常重视社区与家庭在儿童成长中的作用,特别是两者间的有机互动,形成了儿童发展的合力。加拿大的社区儿童服务具有相对成熟的经验。[①]

1. 全民高福利的整体环境

(1)全民享有高福利。加拿大是一个全民享有高福利的国家,这种高福利体现在完善的社会保障体系上,尤其是针对弱势群体。加拿大儿童自出生后就享受系列来自国家或地方政府的福利。以不列颠哥伦比亚省为例,儿童出生后就可享受省政府提供的牛奶金,政府还提供针对婴幼儿的系列服务项目,如婴儿发展项目、亲子母雁计划、没有完美的父母项目、父母课堂等。

(2)弱势儿童群体受关注。尽管加拿大是一个高福利的国家,但现实中仍存在一些低收入家庭。6 岁以下的原住民儿童中,有近一半的儿童生活在

---

① 严仲连、韩求灵:《加拿大发展社区儿童服务的经验》,《学术界》2017 年第 6 期。

贫困线以下。学校—家庭—社区致力于解决高危儿童问题,帮助降低儿童的攻击性和反社会行为。

2.社区儿童健康服务具体措施

(1)针对学前阶段的儿童早期发展项目。加拿大很多省和地区在小学一年级之前为儿童提供学前或幼儿园项目。如西北地区的儿童健康计划、学校午餐计划、安大略省的早期挑战基金等。

(2)为儿童而建设的社区行动计划。为儿童而建设的社区行动计划(简称CAPC)创立于1993年,最初由加拿大健康委员会于1994年发起,是一项以社区为基础、促进0—6岁儿童健康发展的儿童服务项目。CAPC项目的活动方式有家庭资源中心、父母课堂、小组参与、家庭访问等。CAPC项目加强了社区的凝聚力,促使家长积极参与社区提供的儿童公益活动。

(3)长期的图书服务。儿童图书服务是加拿大社区服务中的重要项目,图书服务的主要方式:一是图书馆专业人员到社区引导幼儿进行早期阅读活动,或者指导家长进行亲子阅读;二是鼓励家长带儿童到图书馆借书或进行图书阅读;三是利用假期开展相关的读书活动。

(4)针对特殊需要的服务。主要有两种服务形式:一种为小组活动,一般针对的是某一类群体,如温哥华市为智障儿童提供的桌面游戏,自闭症儿童社会情感的游戏小组等;另一种为个别指导,有家庭聘请的,也有特殊教育机构聘请的,实行一对一指导,主要针对自闭症、脑瘫儿童。

3.启示和借鉴

加拿大在社区儿童服务方面所做的工作给了我们以下几方面的启示:一是政府支持有力。制定了相应的福利政策,划拨了相应的财政经费,相关部门资助了部分儿童服务项目。二是形成了相对配套的政策支持系统。加拿大强调公民要参与奉献、服务相关的内容,如教师资格政策、社区内的房屋租赁、移民就业等,申请人需完成一定数量的志愿者服务。三是社区管理到位。管理者依托社区实施动态管理。场馆的设置是动态的,活动时间安排灵活机动;社区管理人员对社团活动情况进行质量评估,根据参与人数多少实行奖惩措施。四是注重社区全员参与。尽可能让所有的儿童与家庭发展伙伴关系。五是注重发挥高校教师的积极作用。现行的一些影响比较大的项目,都有大学老师的参与,如维多利亚大学、UBC大学等。

三、我国农村留守儿童健康发展状况

（一）国内农村留守儿童健康发展的基本情况

我国留守儿童高达 6100 万人，占全国人口的 4％，占农村儿童人数的 37.7％。① 相对于非留守儿童来说，留守儿童是"弱势群体"，但并不是"问题群体"或"问题儿童"，留守儿童是一个有分化的群体，少数留守儿童在身体、情感、心理和学习等方面的确存在偏差。②

（1）生理健康层面。唐帆、陈俊珂研究指出，我国贫困农村地区儿童健康状况不容乐观，很多儿童面临身体发育和智力发育滞后、营养不良和疾病等健康问题。如果这些问题得不到解决，将会严重影响农村孩子的健康成长。③ 南秋红对河南省 7 个地市留守儿童与非留守少年儿童身体形态、身体机能、身体素质、心理等多项指标进行了调查与分析。结果表明，在身高、体重指标方面，男、女生差异不明显。④ 巫文辉、周丽英、蔡科等对留守儿童的体格生长和发育的研究发现，留守儿童的营养不良高于非留守儿童，6 岁以下儿童最多；意外事故伤害率呈现上升的趋势，对留守儿童的生存和健康产生了很大的威胁。⑤ 吴剑明、王薇的研究表明，留守儿童与非留守儿童四周内患病率差异具有统计学意义，留守儿童四周内患病的风险是非留守儿童的 1.49 倍（OR＝1.489，P＝0.006）。⑥

（2）心理健康层面。常青、黄福康的研究表明，因为"亲子分离"，留守儿童在长期隔代抚养或其他监护人的监护下缺乏必要的交流沟通，更易比一般儿童产生心理上的疾病，如自闭、自卑、孤独感等情绪，从而导致留守儿童

① 宋义等：《西部农村留守儿童身心健康可持续发展模式研究——以重庆留守儿童为例》，《中国体育科技》2017 年第 2 期。

② 任运昌：《农村留守儿童政策研究》，北京：中国社会科学出版社，2013 年，第 379 页。

③ 唐帆、陈俊珂：《农村儿童健康资本投资对经济发展的重要性分析》，《金融经济：理论版》2017 年第 5 期。

④ 南秋红：《留守与非留守少年儿童健康状况调查研究》，《卫生职业教育》2016 年第 7 期。

⑤ 巫文辉、周丽英、蔡科等：《农村留守儿童健康问题现状研究》，《当代体育科技》2017 年第 7 期。

⑥ 吴剑明、王薇：《留守儿童身体健康影响因素研究》，《南京体育学院学报》（自然科学版）2015 年第 1 期。

的人际关系出现紧张,有些儿童甚至会对自己的父母产生怨恨。[①] 周宗奎等的研究表明,农村"留守儿童"在父母外出务工后表现出来的心理问题,比较常见的主要集中在情绪问题、交往问题和自卑问题等上,在人际关系和自信心方面留守儿童显著不如非留守儿童。[②]

(3)社会适应能力层面。刘晓慧、杨玉岩等人发现,留守儿童社会支持总分、主观支持和支持利用度的得分较低;留守女生较留守男生获得较多的社会支持,对支持的利用度较高;留守儿童得到的社会支持越多,尤其是感受到的主观支持越多,越能充分利用社会支持,越不容易引发情绪性问题行为。[③] 马良指出,留守儿童家庭内部支持严重不足,家庭外部支持空白点很多。[④] 刘平等对社会支持量表的情感支持、亲密感、价值肯定、信息支持、帮助、陪伴等6个维度及全量表的分析发现,非留守儿童在社会支持量表的6个维度和全量表上的得分及支持的3个来源的平均值都比留守儿童要高,非留守儿童获得的社会支持比留守儿童要多。[⑤]

总之,大多数学者认为,父母外出打工导致亲子分离,由于亲情陪伴和照顾不足,从而留守儿童的健康更易受到不利的影响。幸箐筠等对重庆市第五次国家卫生服务调查对象中的7—18岁在校学生的调查研究表明,留守儿童在生理功能、情感功能、社会功能、角色(学校表现)功能及生活质量总分方面均显著低于非留守儿童。[⑥]

(二)重庆市农村留守儿童健康发展的经验分析

我国农村留守儿童广泛分布于中西部省份及沿海地区,重庆市农村留守儿童群体庞大,为西部地区具有代表意义的直辖市。重庆市委、市政府在

---

① 常青、黄福康:《农村留守儿童人格特征初探》,《教育学术月刊》2008年第2期。

② 刘红:《农村留守儿童心理健康研究现状和展望》,《山东理工大学学报》(社会科学版)2008年第24卷第1期。

③ 刘晓慧、杨玉岩等:《中国留守情绪性问题行为与社会支持的关系研究》,《中国全科医学》2012年第8期。

④ 马良:《构建留守儿童的"多元"社会支持系统——对温州市义务教育阶段留守儿童的实证研究》,《华东理工大学学报》(社会科学版)2010年第5期。

⑤ 刘平等:《留守儿童心理健康状况与社会支持的相关分析》,《贵阳医学院学院》2015年第7期。

⑥ 幸箐筠等:《"留守"对重庆市儿童生存质量的影响》,《第二军医大学学报》2016年第4期。

促进农村留守儿童健康发展方面积累了丰富的经验,取得了显著成效。2011年12月1日,全国农村留守儿童工作经验交流现场会在重庆召开。当天,《重庆日报》在头版头条以"重庆:一座关爱留守儿童的城市"为题,报道了全市"六大行动计划"惠泽130万农村留守儿童的情况。

1.基本情况

重庆市是中西部地区唯一的直辖市,是全国统筹城乡综合配套改革试验区,城乡二元结构矛盾突出。重庆市也是劳动力输出最集中的地区之一,留守儿童现象非常突出。任运昌参照有关数据,根据访谈调查情况和个案学校、村落的准确统计结果估计,2011年秋季,重庆市0—18岁留守儿童总数大约为245万人,占农村儿童的比例超过60%,即超过一半的农村儿童是留守儿童。段成荣等的研究表明,早在2000年,重庆市留守儿童就达到123万人,占到了当地农村儿童的22.32%,比例高居全国第一;到2007年初,增加到160多万人。2011年秋,据重庆市教委统计,仅学前教育和义务教育就有留守儿童110余万人,占学校总数的27.1%。①

2.促进农村留守儿童健康发展八大措施和经验

重庆市农村留守儿童健康发展的具体措施和经验体现为:②

(1)出台相关政策依据。重庆市各级党委、政府非常重视农村留守儿童身心健康发展问题,制定了相关法律法规,如《重庆市未成年人保护条例》《重庆市义务教育条例》,出台了大量的政策文件,如2008年重庆市政府出台《关于加强农村"留守儿童"工作的意见》,2010年重庆市委、市政府办公厅出台《关于印发〈重庆市农村留守儿童安全保护联动方案〉的通知》,2012年重庆市政府发布《重庆市儿童发展规划(2011—2020年)》,2016年重庆市政府出台《关于加强农村留守儿童关爱保护工作的实施意见》,市级相关部门如重庆市关爱留守儿童工作联席会议办公室、重庆市妇联、共青团重庆市委等也相继出台了相关文件。区县党委政府、相关部门、镇乡党委政府根据上级文件精神,制定关爱农村留守儿童实施方案,出台配套关爱农村留守儿童活动方案,如中共大歇镇委员会印发了《大歇镇机关干部"关爱农村留守儿童暑期大家访"活动实施方案》。

---

① 任运昌:《农村留守儿童政策研究》,北京:中国社会科学出版社,2013年,第14页。

② 任运昌:《农村留守儿童政策研究》,北京:中国社会科学出版社,2013年,第16—18页。

（2）建立健全工作机制。一是建立联席会议制度。市委研究室、市发改委、市教委、市财政局等部门为成员单位，在市教委下设办公室；各区县参照建立健全关爱留守儿童联席会议机制，切实加强组织领导，增强推进合力，保障工作落实。二是建立片区协作组制度，全市共建立 5 个片区协作组；明确各协作组工作职责、规则及机构，搭建学习、交流、互动平台。三是建立留守儿童工作督导机制，对区县开展农村留守儿童教育工作进行专项督察，将关爱农村留守儿童工作推进情况纳入对区县党政年度综合目标考核，作为对区县政府教育工作评估的重要内容，保证关爱农村留守儿童工作的正常开展。

（3）加快推进农村寄宿制学校建设。截至 2010 年，累计投入 68 亿元建成农村寄宿制学校 2080 所。其中，2010 年累计投入 17.1 亿元，建成寄宿制学校 480 所，修建校舍面积 93.7 万平方米，其中教学类用房 36.8 万平方米，宿舍和食堂 52.3 万平方米，其他类用房 4.6 万平方米，惠及在校的留守儿童 20.7 万人，其中寄宿学生 14.1 万人。

（4）实施"学生营养工程"。2010 年，在中小学生营养促进工程中全市投入资金 8.2 亿元，其中市级 1 亿元、区县 7.2 亿元，惠及学生 277.7 万人次。2011 年，40 个区县和北部新区全面实施"蛋奶"计划，共计投入 1.93 亿元，其中惠及留守儿童 75.6 万人，投入资金 0.42 亿元。

（5）开展留守儿童节假日送温暖活动。2010 年，端午节期间，按每人 20 元左右标准落实义务教育阶段家庭经济困难学生吃粽子经费，惠及 51 万义务教育阶段家庭经济困难学生；中秋、国庆期间，安排慰问经费 1492.2 万元，慰问 55.9 万人，发放月饼 169.1 万只；春节前，组织人员深入 200 余所农村学校慰问留守儿童，赠送学习、体育和生活用品，让农村留守儿童充分感受到党和政府的温暖。

（6）探索多种关爱模式。一是"留守儿童校外托管家园"模式；二是代理家长"模式；三是"4＋1"培养教育模式。在全市 1732 所学校设立"亲情视频聊天室"2247 间，在 3058 所学校安装"亲情电话"9431 部，以加强孩子与父母的联系和沟通。

（7）提高农村教师队伍素质。2010 年，从高校毕业生中公开招聘 1256 名国家"特设岗位"教师，全部安排到农村学校任教；选派主城九区 300 名优秀中青年教师到农村学校支教，选拔 1050 名优秀高师毕业生到 15 个区县农村学校"顶岗实习"。同时,实施农村中小学教师新一轮全员培训,并对1万名农村寄宿制学校教师开展留守儿童教育管理专项培训。2011年全市投入资金1亿元,重点对农村中小学教师进行培训,同时对农村留守儿童工作管理人员和教师进行专项培训。

(8)NGO积极参与帮扶。重庆市江北区绿叶义工志愿者协会致力于贫困山区的教育公益服务,策划了"山区爱心午餐计划"活动;重庆市13家志愿服务组织参与红樱桃行动,专门针对山区偏远贫困学校女童开展关爱活动;"心灵火炬项目"的服务模式为大学生志愿者与农村留守儿童一对一结对;重庆市忠县心一社会工作服务中心开展绘本生命教育、家庭魔方、父母书信交流等活动。[①]

---

① 李朗:《非政府组织参与重庆市留守儿童帮扶的问题及对策研究》,重庆大学2016年硕士学位论文,第12—15页。

第七章　进一步促进温岭市农村留守儿童健康发展的对策建议

一、本章主要内容

本章针对温岭市农村留守儿童健康发展促进体系建设中存在的问题，提出对策建议。

首先，介绍推进温岭市农村留守儿童健康发展促进体系建设的对策建议：一是通过部门合力加强政策支持，如采取津贴补助等形式，出台有关家庭、学校和社区互动和资源整合的政策措施，加大宣传力度等；二是不断壮大服务团队，提升服务质量，激励服务人员参与活动；三是充分利用各种资源，提高健康活动的有效性。

其次，介绍促进温岭市农村留守儿童健康发展的若干环节。要促进家庭、学校、社会三方互动，以留守儿童为中心建构"三位一体"的社会支持网络，针对这三个不同环境因素采取不同的方法推进留守儿童生理、心理、社会适应能力三个层面的健康发展。

二、推进温岭市农村留守儿童健康发展促进体系建设的对策建议

留守儿童不等同于"问题儿童"，留守与非留守的转换是动态的过程，面对很多领域对留守儿童的"污名化"，在推进农村留守儿童健康发展促进体系建设的同时，针对留守儿童的健康关怀，不应孤立地对待。在出台相关政策时和在健康活动供给层面，都不应把留守儿童的问题扩大化，要将留守儿童与其他非留守儿童同样对待。

（一）加大政策支持力度

政府是最大的资源拥有者和分配者，应促进政府出台相关政策，鼓励相

关留守儿童服务机构的成立和发展，并制定可行性的津贴计划，以政府购买服务形式孵化培育服务机构。出台有关促进家庭、学校和社区进行积极互动和资源整合的政策，为留守儿童的健康成长积极营造良好的文化氛围，努力做好各项安全措施，消除社区中的不良影响，开展各种宣传活动。[①]

有关部门或其他组织增强合力，通过各种途径和手段来关注留守儿童的成长。工会、共青团、妇联等群团组织要充分发挥自身优势，广泛动员干部职工、团员青年、大学生志愿者，积极为农村留守儿童提供假期日间照料、课后辅导、心理疏导等关爱保护服务。教育部门着力优化教育教学环境，为农村留守儿童提供良好的学习生活条件，要以学校为单位，建立关爱留守儿童工作制度。民政部门要做好贫困农村留守儿童关爱、救助工作，要及时将符合农村低保条件的留守儿童家庭纳入最低生活保障范围。司法部门要加强对留守儿童的法制宣传教育工作，提高留守儿童自我保护意识和防范能力。规范新闻媒体的行为，倡导和促进形成有利于留守儿童健康发展的宏观环境。

（二）加强服务团队建设

打造具有专业素养的志愿服务队是提供有效健康服务的关键因素。加强服务团队建设的激励机制：一是利用有关部门如民政部门公益创投项目资金，吸收具有专业技术能力的社工、义工队伍加入留守儿童健康关怀服务团队。二是扩大对医院医生、学校老师，特别是心理咨询师的招募。三是利用志愿者服务时数营造公益氛围。对志愿者服务时间进行计数并录入数据平台，如北京通州区根据志愿者服务时长予以星级评定，并且参加志愿服务时间累计达到 2000 小时、3000 小时、5000 小时的"五星志愿者"，可分别参加铜质奖章、银质奖章和金质奖章的评选；朝阳区在志愿者找工作时将优先录用。[②]

（三）提高健康活动有效性

以村（居、社区）为单位的儿童健康发展基地、儿童之家（两者合称儿童基地）在管理运作上，要充分利用好各种资源，保证健康活动的有效性、顺畅

---

① 江立华、符平等：《转型期留守儿童问题研究》，上海：上海三联书店，2013 年，第 182 页。

② 中国网，http://www.china.org.cn/bjzt/chinese/2013－03/06/content_28152851.htm，2018 年 3 月 28 日。

性和发展的可持续性。工作人员要善于利用各种人力资源、物力资源和其他资源，应依托附近学校（幼儿园），充分发挥教师的作用，在暑期或周末把教师请到儿童基地中来，为留守儿童提供专业课程。要重视人力资源的培育，无论是留守儿童自身还是其家庭成员或者其他志愿者，工作人员在邀请他们参与服务时，要保护他们的参与积极性，使其能够持续长久地投入，这有利于项目的长远发展。[1]

在留守儿童人数较少的村（居、社区），应以镇（街道）为单位对留守儿童进行资源的集中供给。以社会适应能力的辅导为例。第一阶段，需求评估阶段。通过需求评估筛选出重点人群，由专业团队进行活动方案设计，对存在的健康问题进行分析，设定活动地点（适合在学校还是在基地）、小组人数、活动时间、志愿者人数。第二阶段，准备工作阶段。包括准备相应物资、招募志愿者、联系场地。第三阶段，活动干预阶段。辅导内容包括自我探索、社交训练、潜力发掘、学会学习、亲情连接、社会责任等。在小组辅导过程中，发现需要单独面询的儿童时开展面询服务。第四阶段，效果评估阶段。选择对照组留守儿童开展相关问卷调查，开展干预后效果评估。

在健康活动供给的设计上，应充分考虑可供给资源的可及性和有效性。只有家庭、社会、学校三方联动，才能营造出留守儿童健康成长的良好环境。除了社区和学校，最关键的是家庭的参与，尤其是亲子环节，留守儿童父母参加不了的，应由主要监护人或代理家长代为参加，要注重社区的全员参与。努力实现农村留守儿童"学业有教、监护有人、生活有助、健康有保、安全有护"的工作目标。

三、促进温岭市农村留守儿童健康发展的若干环节

温岭市农村留守儿童健康发展的实证调查结果显示，温岭市留守儿童在生理、心理、社会适应能力方面的发展与非留守儿童存在不同程度的差异。留守儿童社会支持系统干预模型主要由留守儿童个体、与个体日常生活紧密相关的近端支持、与个体有直接或间接联系的远端支持构成，并且这

---

[1] 陈世海：《留守儿童社会服务方法》，北京：中央编译出版社，2015年，第132页。

些支持能被个体感知、评价和利用。[1] 家庭和学校是儿童最关键的成长环境,是赋予孩子健康成长最直接的近端支持系统;而社区作为远端支持,是留守儿童支持系统中的一个有力补充。依托家庭、学校及居住地所在的村(居、社区),以留守儿童为中心建构"三位一体"的社会支持网络。[2] 针对这三个不同环境因素采取不同的方法推进留守儿童健康发展。

(一)促进留守儿童生理健康发展

家庭环境因素:亲子分离对于7岁以下儿童的生理健康综合水平影响较大。0—6岁儿童的身体发育成长是健康的基础,通过规范的健康体检对儿童的健康成长情况进行定期评估,有利于筛查危险因素,纠正带养过程中出现的问题。留守儿童的主要监护人需密切关注儿童传染性疾病、意外伤害的发生,做到及时发现、及时就医,尤其是对7岁以下儿童听力情况应引起关注和重视。合理的膳食为儿童健康成长提供了必需的能量,为留守儿童提供的饮食要多样化,保证其蛋白质的摄入量。主要监护人要积极参加社区医院、卫生室、儿童基地提供的家长课堂,提高儿童健康带养知识掌握程度。

学校环境因素:小学和幼儿园的健康环境是学龄期儿童和学龄前儿童生理健康的影响因素,做好卫生保健工作是预防传染性疾病发生的关键,在校(园)期间要让儿童形成良好的卫生习惯。加强校园安全管理,加强安全教育,提高农村留守儿童的自救自护、应急避险能力。[3] 每天保证1小时的户外活动,适量的体育活动可以促进儿童体质发展。要为寄宿制儿童提供足量均衡的膳食,保证其生长发育所需能量。

社区环境因素:社区医院或社区卫生室提供儿童健康管理服务,保障留守儿童享受营养指导、生长发育监测、计划免疫、儿童常见病诊疗等基本卫生保健服务。留守儿童监护人要让儿童进行规范的健康体检和预防接种,以促进儿童体格发育、增强体质和预防疾病的发生,对于在体检过程中发现的疾病应给予家庭护理指导和及时诊治。要积极动员留守儿童家庭参加新

---

[1] 雷鹏、陈旭、关幼萌:《留守儿童社会支持系统干预模型的建构》,《教育导刊》2010年第12期。

[2] 卢利亚:《农村留守儿童社会支持网络模式研究》,《湖南师范大学社会科学学报》2012年第6期。

[3] 温岭市人民政府办公室:《关于切实加强农村留守儿童关爱保护工作的实施意见》,温政办发〔2017〕73号。

型农村合作医疗,保证留守儿童享受新型农村合作医疗政策。①

(二)促进留守儿童心理健康发展

家庭环境因素:基于留守状况对留守儿童心理健康发展水平存在较大影响,积极消除或减弱留守因素的影响程度至关重要。在隔代监护过程中,祖辈对孩子的疼爱虽使孩子获得了心理上的支持和情感上的安慰,但是父母的角色地位无法取代。由于祖辈文化知识的缺乏以及生理条件的限制,祖辈的管教通常是听之任之,缺乏督促,加上留守儿童心理上缺少亲情关怀,导致形成问题行为。儿童时期人格的健康形成与发展和父母关爱以及良好的家庭氛围密切相关。② 因此,外出父母要与孩子经常保持联络,多与他们进行思想上的交流,关心他们的生活问题、健康问题和学习状况。亲子沟通是其他亲情无法替代的,沟通的形式可以多样,电话沟通、信件沟通比单纯的见面形式来得有效。打工和经商都为家庭带来了丰厚的物质基础,但为留守儿童提供的资源不能仅停留在物质上,更要在精神层面引导孩子健康成长,促进其心理健康发展。

学校环境因素:实证研究结果表明,留守状况对温岭市 4 岁以上留守儿童心理健康水平有着较大的影响,不利于儿童认知和心理调控能力的发展,随着孩子年龄的增大,留守因素会带给留守儿童不同程度的焦虑、抑郁等情感体验。幼儿园生活对儿童各种认知水平和心理调控能力的发展起着至关重要的作用,而学校里的老师和同伴则成为社会支持系统的重要角色,需要积极发挥正向作用。对于出现心理问题的留守儿童,学校要建立成长档案,建立反映其进步与不足的成长记录,并根据实际情况有的放矢地做好工作,有条件时为这群孩子开展心理成长、人格发展等方面的课程。建立班主任与结对帮扶教职员工沟通反馈机制,积极创造条件为农村留守儿童提供与外出务工父母的情感联系和亲情交流等服务,如开通家长联系热线,学校组织关爱体系开展送温暖等活动。学校配备专职或兼职心理医师(心理咨询师),开展留守儿童心理健康教育,化解儿童心理压力,增强儿童心理调适

---

① 温岭市人民政府办公室:《温岭市关爱农村留守儿童工作实施方案》,温政办发[172]号。

② 陈旭:《留守儿童的社会性发展问题与社会支持系统》,北京:人民出版社,2013 年,第 346 页。

能力。

社区环境因素：对于心理健康水平偏低或出现心理问题的留守儿童群体，利用社区工作平台，借助社会工作者提供留守儿童心理和行为引导，开展心理咨询、辅导和矫正，提供学习辅导。① 鼓励支持社会工作服务机构依法参与农村留守儿童危机干预、家庭监护随访和监护能力评估等工作。聘请心理医师、在校大学生、志愿者和公益爱心人士担任农村留守儿童辅导员，定期为农村留守儿童举办心理健康、思想道德、革命传统讲座。②

（三）提升留守儿童的社会适应能力

家庭环境因素：亲子分离给了学龄期儿童独立的生活空间。有些孩子因为感到父母保护的缺失而变得胆小、懦弱，有些孩子因为缺乏管教而变得任性、脾气暴躁，但也有些孩子自我保护能力足够强，自我意识和适应能力非常优秀，反而将劣势转化为优势，生活自理能力和学习积极性显著提高。③ 对留守个体而言，家庭要对留守儿童发展状况做一个正确的评估，针对具体问题解决方法也要因人而异。对留守群体而言，不同的亲子联系方式对1—3岁组儿童社会适应能力的发展具有明显影响，且电话、网络联系效果优于仅见面形式。父母经常回家、亲子间经常联络对亲子关系具有促进作用，也有利于留守儿童社会适应能力的提高。

学校环境因素：学校是个体走出家庭后的最重要的社会化场所。留守儿童在家庭这一社会化因素出现弱化的情况下，就把感情转移到了学校，使学校的社会化功能上升。④ 留守儿童的社会适应能力体现在自我认识、同伴交往和学习生活上，当遇到心理问题时，总感到闷闷不乐，如情绪问题、自卑心理、逆反心理等，或者在同伴交往中出现矛盾。在学校，这时候的第一反应是向老师求助，让老师开导一下自己。在有心理辅导老师的学校，还可以向心理辅导老师求助。⑤ 当然，有些孩子不会主动求助，学校要做好预防工

---

① 陈世海：《留守儿童社会服务方法》，北京：中央编译出版社，2015年，第92页。
② 浙江省人民政府办公厅：《关于加强农村留守儿童关爱保护工作的实施意见》，2016年5月25日。
③ 陈世海：《留守儿童社会服务方法》，北京：中央编译出版社，2015年，第164页。
④ 王秋香：《强势与弱势的错位：农村"留守儿童"社会化问题分析》，《理论月刊》2007年第1期。
⑤ 陈世海：《留守儿童社会服务方法》，北京：中央编译出版社，2015年，第131页。

作,及时发现孩子们的心理问题。比如,在留守儿童偏多的学校,有条件时可建立寄宿制,以便统一监管;同时,让留守儿童融入集体生活,让他们在欢乐和睦、积极向上的环境中生活和学习,有利于消除留守儿童可能产生的自卑感和孤独感。要培养留守儿童学习兴趣,因材施教,分层教学,培养学生个性、爱好和特长,避免留守儿童因厌学而失学。要关心留守儿童学业情况,对于个别留守儿童,教职员工"代理"家长应主动、无偿地进行课外辅导,补缺堵漏。

社区环境因素:留守儿童在生活上、学习上及同伴交往过程中往往会有一些困难,或者出现一些矛盾。面对这些问题他们往往不知道该如何处理,久而久之,就会给生活带来一定的影响,从而对自身的健康成长不利。可以利用社区工作平台,借助社会工作者为留守儿童群体提供人际交往辅导,建立留守儿童与父母、监护人的良好沟通机制,探讨并推广先进的家庭教育经验应用社区工作的方法,建立一个良好的社区环境。联合多方力量,构建留守儿童的社会支持网络。[1]

---

[1] 陈世海:《留守儿童社会服务方法》,北京:中央编译出版社,2015年,第92页。

附录1 温岭市儿童健康影响因素调查问卷

问卷编码□□□□□□

尊敬的各位代表：

您好！为了解我市儿童健康情况，分析影响儿童健康的相关因素，从而为温岭市户籍0—12岁儿童提供更好的卫生保健服务，提高我市儿童生理、心理及社会适应能力三个维度的综合健康水平，我们诚挚地邀请您参与本次问卷调查。

希望能够得到您的大力支持与配合！

姓名：_____ 联系电话：_____ 出生年月：_____

现住址：_____市_____区(县)_____街道(镇)_____居委会(村)

学校名称：_____ 班级：_____

第一部分：首先，我们想了解一下儿童的基本情况。
（请在选项上打"√"，并将答案填入右侧的□内）

选项编码

001.性别 ①男 ②女   001□

002.儿童年龄 ①1—3岁(<4岁) ②4—6岁(<7岁) ③7—12岁(<12岁)   002□

003.相比于周边，儿童家庭经济状况：
①非常宽裕 ②比较宽裕 ③中等 ④比较贫困 ⑤非常贫困   003□

004.儿童参加健康体检的频率（a、b、c、d项均需填写）

	一年四次	一年两次	一年一次	一年零次
a.1—11个月	①(1)	②(0)	③(0)	④(0)
b.1—3岁	①(0)	②(1)	③(0)	④(0)
c.4—6岁	①(0)	②(0)	③(1)	④(0)
d.7—12岁	①(0)	②(0)	③(1)	④(0)

004a□
004b□
004c□
004d□

005.儿童膳食做到荤素搭配，适当补充水果。 ①是(1) ②否(0)   005□

006.主要照顾者的健康带养知识掌握情况。（本题答案由007—016题通过计算自动产生）
①高 ②低   006□

007. 孩子出生后应尽早开始母乳喂养,6个月后合理添加辅食。
　　①对(1)　②错(0)
007□

008. 儿童青少年应培养良好的用眼习惯,预防近视的发生和发展。
　　①对(1)　②错(0)
008□

009. 儿童也需保持正常体重,避免超重与肥胖。
　　①对(1)　②错(0)
009□

010. 能直接反映儿童营养状况的敏感指标是身高、体重。
　　①对(1)　②错(0)
010□

011. 您认为儿童血红蛋白正常值应该不低于多少 g/L?(a、b 项均需填写)

	100	110	120	不知道
a.6 个月—6 岁	①(0)	②(1)	③(0)	④(0)
b.6—12 岁	①(0)	②(0)	③(1)	④(0)

011a□
011b□

012. 儿童应少接触手机等电子屏幕产品。①对(1)　②错(0)　③不知道(2)
012□

013. 为保护口腔健康,儿童每天应刷牙或清洁口腔几次?
　　①至少 2 次(2)　②1 次(1)　③不用刷牙(0)
013□

014. 为保护儿童听力,应注意从小教育其用耳卫生、避免噪声污染、积极防治传染病。
　　①对(1)　②错(0)　③不知道(2)
014□

015. 应当保证儿童睡眠充足,一天睡眠一般为几小时?(a、b、c、d 均需填写)

	12—17 小时	11—14 小时	10—13 小时	9—11 小时
a.0—11 月	①(1)	②(0)	③(0)	④(0)
b.1—3 岁	①(0)	②(1)	③(0)	④(0)
c.4—6 岁	①(0)	②(0)	③(1)	④(0)
d.7—12 岁	①(0)	②(0)	③(1)	④(0)

015a□
015b□
015c□
015d□

016. 正常儿童需在医生指导下每天补充维生素 D400—800 国际单位。
　　①对(1)　②错(0)　③不知道(2)
016□

017. 儿童类型:①留守儿童　②困境儿童　③(若选择否,直接跳到_____第二部分)
017□

留守儿童部分

101. 到现在为止父母离家到外地工作的时间。
　　①半年到 1 年　②1—3 年　③3—5 年　④5 年以上
101□

102. 若是留守儿童,主要由谁来照顾?
　　①爸爸　②妈妈　③祖(外祖)父母　④亲戚　⑤其他
102□

103. 主要照顾者的文化水平。
　　①文盲　②小学　③初中　④高中/职高/中专　⑤大专/本科及以上
103□

104. 主要照顾者的年龄：
    ①＜30 岁　②30—39 岁　③40—49 岁　④50—59 岁　⑤≥60 岁　　104☐

105. 父母多久与儿童联系一次？
    ①经常联系　②很少联系　③偶尔联系　④从不联系　　105☐

106. 与外出父母最主要的联系方式：
    ①见面　②电话　③网络　④信件　⑤其他_____　　106☐

107. 父母关心儿童哪方面的问题？
    ①思想问题　②生活问题　③健康情况　④学习情况　　107☐

108. 外出父亲或母亲多久回家一次？
    ①半年至 1 年　②1—2 年　③2 年以上　　108☐

生理健康部分

201. 儿童的身高：_____cm。　　201☐☐☐

202. 儿童的体重：_____kg。　　202☐☐☐

203. 生长发育评价　①正常(1)　②消瘦(0)　③低体重(0)
    ④生长迟缓(0)　⑤超重(0)　⑥肥胖(0)　　203☐

204. 视力情况：　　　　　　　　　　　　　　　　　　左 204a☐
    ①左眼_____　②右眼_____　③正常(1)　④可疑(0)　右 204b☐
    ⑤不正常(0)　　204c☐

205. 有无龋齿？　①正常(1)　②有龋齿(0)　　205☐

206. 听力正常吗？　①正常(1)　②不正常(0)　　206☐

207. 儿童在最近的 4 周内是否患病？　①是(0)　②否(1)
    若选择是,请列出所患疾病:疾病1_____　疾病2_____　　207☐

208. 儿童患病后是否及时进行治疗？　①是(1)　②否(0)　　208☐

209. 过去的一年里,儿童是否有以下原因的意外伤害？　①有(0)　②没有(1)　209☐

210. 若有,具体原因为:①交通事故　②跌倒　③硬物击伤　④锐器伤
    ⑤爆炸伤　⑥动物咬伤　⑦溺水　⑧窒息　⑨电击伤　⑩烧伤或烫伤
    ⑪意外中毒　⑫自害　⑬他伤(人与人之间)　⑭骨头卡喉　　210☐
    ⑮其他_____

心理健康部分(0—6 岁)

＊301. 孩子白天小睡或晚上睡觉时,入睡有困难吗？
    ①大多数(1)　②有时(2)　③很少(3)　④不知道(2)　　301☐

302. 孩子喜欢被亲近吗？如被拥抱等。
    ①大多数(3)　②有时(2)　③很少(1)　④不知道(2)　　302☐

* 303. 孩子有进食问题吗？例如，食物塞满嘴巴、呕吐。
　　　　①大多数(1)　②有时(2)　③很少(3)　④无(4)　⑤不知道(2)　　　303□

304. 孩子对他/她周围的人、玩具和食物等感兴趣吗？
　　　　①大多数(3)　②有时(2)　③很少(1)　④不知道(2)　　　304□

305. 孩子看起来开心吗？
　　　　①大多数(3)　②有时(2)　③很少(1)　④不知道(2)　　　305□

306. 孩子能顺利地从一项活动转换到另一项活动吗？例如，从玩转到就餐。
　　　　①大多数(3)　②有时(2)　③很少(1)　④不知道(2)　　　306□

307. 孩子能执行日常生活中的指令吗？例如，按照吩咐来餐桌就餐或帮助收拾玩具。
　　　　①大多数(3)　②有时(2)　③很少(1)　④不知道(2)　　　307□

* 308. 孩子会长时间哭闹、尖叫或发脾气吗？
　　　　①大多数(1)　②有时(2)　③很少(3)　④不知道(2)　　　308□

* 309. 孩子是否比同龄的孩子过于好动？
　　　　①大多数(1)　②有时(2)　③很少(3)　④不知道(2)　　　309□

310. 在家及学校，孩子能遵守规矩吗？
　　　　①大多数(3)　②有时(2)　③很少(1)　④不知道(2)　　　310□

* 311. 孩子会故意伤害自己吗？
　　　　①大多数(1)　②有时(2)　③很少(3)　④无(4)　⑤不知道(2)　　　311□

312. 在一天 24 小时里，孩子的睡眠时间至少有 10 小时吗？
　　　　①大多数(3)　②有时(2)　③很少(1)　④不知道(2)　　　312□

313. 孩子会按照吩咐做事吗？
　　　　①大多数(3)　②有时(2)　③很少(1)　④不知道(2)　　　313□

314. 孩子对自己喜欢的事情(看电视除外)能保持一段时间注意力吗？
　　　　①大多数(3)　②有时(2)　③很少(1)　④不知道(2)　　　314□

心理健康部分(7—12 岁)

* 301. 你是否觉得生活没有意思？　①没有　②有时　③经常　④总是　　　301□

* 302. 你是否觉得自己能力不如别人？　①没有　②有时　③经常
　　　④总是　　　302□

* 303. 你是否感到手脚麻木或刺痛？　①没有　②有时　③经常　④总是　　　303□

* 304. 你是否对未来感到悲观失望？　①没有　②有时　③经常　④总是　　　304□

* 305. 你是否在课堂提问或考试时感到很紧张？　①没有　②有时　③经常
　　　④总是　　　305□

* 306. 你是否喜欢自己？　①没有　②有时　③经常　④总是　　　306□

* 307. 你是否做事犹豫不决？　①没有　②有时　③经常　④总是　　　307□

＊308.你是否胃口不好？　①没有　②有时　③经常　④总是　　　　　　308□

＊309.你是否无缘无故地感到疲乏？　　①没有　②有时　③经常　④总是　309□

310.你是否是一个好孩子？　①没有　②有时　③经常　④总是　　　　　310□

＊311.你是否不愿与他人交往,对别人没有感情？　①没有　②有时　　　　
　　　③经常　④总是　　　　　　　　　　　　　　　　　　　　　　311□

312.你是否会做很多事情？　①没有　②有时　③经常　④总是　　　　　312□

＊313.你是否担心约会或上课会迟到？　①没有　②有时　③经常　④总是　313□

314.是否大家都认为你很有趣？　①没有　②有时　③经常　④总是　　　314□

＊315.你是否比别人更容易紧张着急？　①没有　②有时　③经常　④总是　315□

＊316.你是否感到手脚发抖、出汗？　①没有　②有时　③经常　④总是　　316□

317.你是否容易感到心烦、害怕？　①没有　②有时　③经常　④总是　　317□

＊318.你是否觉得自己是一个失败者？　①没有　②有时　③经常　④总是　318□

319.你是否觉得多数人都喜欢你？　①没有　②有时　③经常　④总是　　319□

＊320.你是否对自己感到讨厌？　①没有　②有时　③经常　④总是　　　　320□

＊321.你是否觉得时间不够用,有很多事要做？　①没有　②有时　　　　　
　　　③经常　④总是　　　　　　　　　　　　　　　　　　　　　　321□

＊322.你是否觉得自己没有活力,没有吸引力？　①没有　②有时　　　　　
　　　③经常　④总是　　　　　　　　　　　　　　　　　　　　　　322□

＊323.你是否觉得呼吸困难或要晕倒？　①没有　②有时　③经常　④总是　323□

＊324.你是否担心自己会说错话？　①没有　②有时　③经常　④总是　　　324□

325.你是否认为自己的长相不错？　①没有　②有时　③经常　④总是　　325□

＊326.你是否在生人面前易脸红、心跳加速？　①没有　②有时　③经常　　
　　　④总是　　　　　　　　　　　　　　　　　　　　　　　　　　326□

社会适应能力部分
(1 岁组 2016 年 1—12 月;2 岁组 2015 年 1—12 月;3 岁组 2014 年 1—12 月)

401.孩子会注视人脸吗？①大多数(3)　②有时(2)　③很少(1)　④不知道(2)401□

402.孩子会对您和其他人微笑吗？
　　①大多数(3)　②有时(2)　③很少(1)　④不知道(2)　　　　　　402□

403.您在孩子视线之外叫她/他,她/他能朝您的方向看吗？
　　①大多数(3)　②有时(2)　③很少(1)　④不知道(2)　　　　　　403□

404.您对孩子说话时,他/她会看着您吗？
　　①大多数(3)　②有时(2)　③很少(1)　④不知道(2)　　　　　　404□

405.孩子能说三个词吗？比如有指向的称呼"妈妈""爸爸""大大"。
　　①大多数(3)　②有时(2)　③很少(1)　④不知道(2)　　　　405□

406.孩子会把玩具放您手里吗？
　　①大多数(3)　②有时(2)　③很少(1)　④不知道(2)　　　　406□

407.当孩子想要某一件东西时,他/她会用手指着那个东西告诉您吗？
　　①大多数(3)　②有时(2)　③很少(1)　④不知道(2)　　　　407□

408.孩子能用语言或手势等肢体语言使您知道她/他的感受(例如饿了、累了或痛了)吗？
　　①大多数(3)　②有时(2)　③很少(1)　④不知道(2)　　　　408□

409.孩子能完成简单指令吗？如过来、坐下、把……给我。
　　①大多数(3)　②有时(2)　③很少(1)　④不知道(2)　　　　409□

410.孩子能自己走路吗？　①能(3)　②不能(0)　　　　　　　　410□

411.孩子能在纸上乱画吗？(能用铅笔或蜡笔在纸上乱画)
　　①尝试(为画出痕迹)(1)　②能(3)　③不能(0)　④不知道(2)　　411□—

412.孩子白天能控制大小便吗？
　　①大多数(3)　②有时(2)　③很少(1)　④不知道(2)　　　　412□

413别人给孩子穿衣服时,能按照需要伸出手或脚吗？
　　①大多数(3)　②有时(2)　③很少(1)　④不知道(2)　　　　413□

414.孩子会自己解系纽扣吗？
　　①会解不会系(1)　②会系不会解(1)　③会(3)　④不会(0)　　414□

415.孩子能自己洗手吗？(不仅仅是把手弄湿,还要搓着洗)
　　①需要帮助(1)　②独自(3)　③不会(0)　④不知道(2)　　　415□

4—6 岁(4 岁组 2013 年 1—12 月;5 岁组 2012 年 1—12 月;6 岁组 2011 年 1—12 月)

401.孩子什么事都想自己独立干吗？(不管会不会干,都要自己干)
　　①大多数(3)　②有时(2)　③很少(1)　④不知道(2)　　　　401□

402.孩子会说两个词的短句吗？(如:去外面、吃饭、开/关门)
　　①大多数(3)　②有时(2)　③很少(1)　④不知道(2)　　　　402□

403.孩子懂得顺序吗？(能按照大人的指示,等待按顺序轮到自己)
　　①大多数(3)　②有时(2)　③很少(1)　④不知道(2)　　　　403□

404.孩子会说日常客气话吗？　①会(3)　②不会(0)　③不知道(2)　404□

405.孩子能说出所见所闻吗？　①大多数(3)　②有时　(2)　③很少(1)　④不知道
　　　　　　　　　　　　　　　　　　　　　　　　　　　　　405□

406.孩子会用筷子,一般不会洒出很多吗？　①大多数洒出很多(3)　②有时洒出很多
　　(2)　③很少洒出 t 很多(1)　④不知道　　　　　　　　　406□

407.孩子会独自上厕所吗？①大多数(3)　②有时(2)　③很少(1)　④不知道(2)
　　　　　　　　　　　　　　　　　　　　　　　　　　　　　407□

408.孩子能自己穿鞋吗?(穿拖鞋不算,如鞋有鞋带,不要求系鞋带,亦不要求左右脚穿
正确。)　①大多数(3)　②有时(2)　③很少(1)　④不知道(2)　　　　408□

409.孩子知道远离危险的事物吗?例如,火或正在行驶的汽车等。
　　①大多数(3)　②有时(2)　③很少(1)　④不知道(2)　　　　409□

410.孩子自己会穿、脱一般的衣服吗?(如有小纽扣、拉链的或带子的衣服)
　　①大多数(3)　②有时(2)　③很少(1)　④不知道(2)　　　　410□

411.孩子能用剪刀剪出简单的图形吗?
　　①大多数(3)　②有时(2)　③很少(1)　④不知道(2)　　　　411□

412.孩子能按照吩咐,自己梳头或刷牙吗?
　　①大多数(3)　②有时(2)　③很少(1)　④不知道(2)　　　　412□

413.孩子能打开小瓶的螺旋盖子吗?
　　①需要帮助(1)　②独自(3)　③不会(0)　④不知道(2)　　　413□

414.孩子能独自上街买东西吗?(买回指定的东西)
　　①大多数(3)　②有时(2)　③很少(1)　④不知道(2)　　　　414□

415.孩子会系鞋带吗?　①需要帮助(1)　②独自(3)　③不会(0)　④不知道(2)　415□

7—12岁(2010年1月—2016年12月)

401.你是否觉得你的朋友对你很友好?　①没有　②有时　③经常　④总是　401□

＊402.你是否觉得要是不学就好了?　①没有　②有时　③经常　④总是　402□

403.你是否喜欢学校里的生活?　①没有　②有时　③经常　④总是　403□

404.你的朋友是否乐于帮助你?　①没有　②有时　③经常　④总是　404□

405.你是否喜欢上学?　①没有　②有时　③经常　④总是　405□

406.你是否觉得在学校里学到很多知识?　①没有　②有时　③经常　④总是　406□

＊407.你是否在学校里感到不舒服?　①没有　②有时　③经常　④总是　407□

408.你是否有很多朋友?　①没有　②有时　③经常　④总是　408□

409.你是否觉得你的朋友是好样的?　①没有　②有时　③经常　④总是　409□

＊410.你是否觉得学校里有许多事你不喜欢?　①没有　②有时　③经常　④总是　410□

411.你是否喜欢学校里的一些活动?　①没有　②有时　③经常　④总是　411□

412.你是否觉得你的朋友对你很关心?　①没有　②有时　③经常　④总是　412□

413.你是否觉得与朋友在一起很愉快?　①没有　②有时　③经常　④总是　413□

414.你是否觉得上学很有意思?　①没有　②有时　③经常　④总是　414□

调查员单位:_____　(签名):_____

质控员(签名):_____　调查日期:□□□□年□□月□□日

附录2 温岭市"村级儿童健康发展"示范基地评估细则

检查单位：＿＿＿＿＿＿＿＿＿＿＿＿＿＿＿＿＿＿

项目	检查内容	应得分	评分方法	扣分原因	评分
组织领导	1.各镇、街道明确分管领导和承办科室，定岗定人(5分) 2.申报示范点所在村(居)专人负责项目试点工作(5分)	10	人员不确定、分工不明确各扣3分；未定期研究解决儿童健康发展工作推进过程中遇到的困难和问题扣4分		
设施设备	1.同时具备儿童之家、村图书室及文化礼堂(5分) 2.有专用的健康宣教室，使用面积不小于30平方米(5分) 3.配备科学育儿工作所需的基本设备、教具及各类宣传手册，满足工作需要(5分)	15	每缺一处场地扣2分 无专用的健康宣教室或面积不达标各扣2分 无投影仪、电脑、电视机、VCD或DVD每项扣2分		
师资力量	1.配备相对固定从事儿科或儿童保健工作的讲课老师，其中，负责健康教育的讲师至少2名(5分) 2.建立以协会、社工、义工等社会爱心资源为基础的师资团队(5分)	10	讲师不固定或者未达2名各扣2分；根据师资团队人员组成酌情扣分		

续　表

项目	检查内容	应得分	评分方法	扣分原因	评分
宣传版面和资料发放	1.宣传版面:建设生育文化长廊,开展幸福家庭、儿童健康知识、关爱女孩等文化宣传(5分) 2.发放科学育儿课堂读本、儿童健康知识、生育文化、关爱女孩等宣传资料(5分)	10	开展3种以上文化宣传该项不扣分,每缺1种扣1分;宣传版面标志、形象、档簿资料设计不统一,扣1分;发放3种以上宣传资料该项不扣分,每缺1种扣1分		
课程体系	1.制订计划,编制0—14岁儿童健康发展课程方案(5分)	25	根据计划、方案酌情扣分		
	2.每年至少提供8次科学育儿指导服务,其中公益课程不少于4次(5分)		科学育儿指导服务每缺1次扣1分,公益课程每缺1次扣1分		
	3.建立特殊家庭儿童名册;每月至少为特殊家庭提供1次咨询服务活动。特殊家庭包括低收入家庭、低家庭、单亲家庭和流动人口特困家庭(5分)		未建立名册该项不得分;		
	4.有教师上课备课资料(5分)		查看每个老师的课件,依据有无课件和课件质量酌情扣分		
	5.定期开展教育活动,并留存签到、照片等活动记录清单(5分)		查看活动记录清单,酌情扣分		

续　表

项目	检查内容	应得分	评分方法	扣分原因	评分
课程内容	1.生理健康:提供口腔保健、视力保健、安全知识、常见疾病家庭护理、急救知识等卫生保健知识(5分) 2.心理健康:提供儿童心理保健、家庭心理危机等健康知识,对个体成员开展心理疏导(5分) 3.心灵健康:开展爱国主义教育、红色文化主题宣传,引导尊老爱幼等传统文化教育(5分) 4.综合素质提升:安排亲子阅读主题、劳动技能训练等课程(5分)	20	每项课程内容在3个主题以上,该项不扣分,每缺1个主题扣1分		
效果评价	1.项目示范点按要求面向辖区儿童(包括流动人口)及家长开展咨询服务和训练课程,儿童家长知晓率达80%以上(5分) 2.每月为低收入家庭、低保家庭、单亲家庭和流动人口特困家庭至少提供2次咨询服务活动(5分)	10	随机抽查10名辖区家长,知晓率每降10%扣2分;实地抽查特殊家庭,每缺1次咨询服务扣2分		
总分		100			

备注:温岭市"村级儿童健康发展"示范基地得分达到90分以上为合格。

附录3 村级儿童健康发展基地工作制度

(一)管理员工作职责

1. 按规定准时开放儿童健康发展基地,活动开放期间要坚守岗位。

2. 负责建立辖区内0—14岁儿童名册及特殊家庭儿童名册,动员基地所在村(居)妇女儿童积极参与活动。

3. 组织儿童开展各类活动。

4. 对儿童健康发展基地的器材、文体用品等设备登记造册,并负责保管和正常使用。因管理不善造成物品遗失要照价赔偿。

5. 负责儿童健康发展基地的清洁卫生,保持室内整洁,设备、书籍摆放有序。

6. 加强业务学习,提高管理水平,提高安全意识,注意防火防盗。

7. 定期对室内外房屋结构进行巡查,如发现安全隐患及发生安全事故,及时向村委反映并与有关部门联系,确保活动室工作的正常开展。

8. 做好儿童健康发展基地的各项活动记录,及时反馈信息。

(二)儿童安全看护制度

1. 儿童到活动基地应有家长接送;如无家长接送,途中安全由儿童家长自行负责。

2. 工作人员要做好入室儿童登记,随时巡查儿童活动情况,发现情况及时处理。

3. 活动室开放时要落实2名成人看护,确保不得脱离岗位,注意观察进出活动室人员情况,确保室内人员安全。

4. 家长应尊重儿童,尊重工作人员。家长之间互相尊重、互相学习。在活动期间,儿童之间发生矛盾、纠纷,家长不得随意斥责、恐吓对方儿童,应采取积极的态度和正确的教育方法引导教育自己的孩子,并向工作人员反映,由工作人员妥善解决,确保儿童身心健康。

5.家长应做子女表率,讲文明,讲卫生,不随地吐痰,不乱扔果皮纸屑,不抽烟。家长幼儿患传染病时不能到活动室活动。

6.所有设备设施,只能用于活动室开展活动,要做到专物专用,不得随意借出、损坏、丢弃,造成损失由责5任人照价赔偿。

7.对儿童进行安全教育,嘱咐儿童不要乱奔乱跑,进活动室后不得擅自离开,增强其自我保护意识;让儿童知道所在地名称、家庭住址及联系方式等信息,防止意外事故的发生,提高儿童自我保护能力。

(三)物资管理制度

为保障设备安全、提高设备管理工作效率,特制定儿童健康发展基地物资管理制度。

1.管理人员应严格按照规定的作息时间到岗。工作时间内在岗位上尽职尽责,不串岗,不做与工作无关的事情。

2.管理员必须全面管理好所有设备和办公、生活用品。对物品的接收及使用做好记录,以保护物品、玩具、书籍的完好。

3.管理员对物品应按照物品的用途分门别类地摆放,用后应归还原处,以保持物品的整洁。

4.严格遵照物品的储存环境要求进行保管,定时对货物进行清洁和整理。

5.健全设备设施账目,做到登记、实物相统一,每年核账一次。

6.保证家园环境卫生、过道通畅,并做好防火、防潮、防盗等安全防范工作。

(四)志愿者服务队建设制度

1.倡导"奉献、友爱、互助、进步"的志愿精神,热爱儿童健康发展工作。

2.在镇(街道)的指导下开展工作,在开展服务时服从儿童健康发展基地管理员的安排。

3.制订志愿服务工作计划,组织实施志愿服务活动。

4.注重服务队人员素质提升,开展志愿服务相关知识培训。

5.志愿活动内容包括:为辖区儿童开展卫生保健知识教育、技能操作和实践活动,为特殊人群提供心理咨询、心理疏导及关怀帮扶等服务。

6.负责招募志愿者,志愿者需具备志愿服务能力,热心公益事业,身体健康,无违法乱纪行为。招募的志愿者须报镇(街道)审核通过。

7.为志愿者提供必要的帮助,维护志愿者的合法权益。

(五)家庭图书分馆借阅制度

家庭图书分馆是市图书馆为打通阅读"最后一公里"而推出的服务新举措,让公共图书馆服务体系得以完善和延续,让公共图书阅读进入千家万户,让人人读好书,家家飘书香。

1.本馆向全街道开放,少儿借阅须由家长陪同监护,请注意安全。

2.请凭家长实名登记联系电话在开放时间内借还图书。

3.图书借阅期限为1周,可续借7天。每人每次可借阅2本,按期归还后方可再次借阅。

4.请各位读者及少儿爱护图书,妥善保管图书。如有画线、批注、破损、污染、缺页等情况,应当立即告知图书管理员。

5.请妥善保管好随身物品,如有遗失,本馆概不负责。

6.请自觉维护室内环境、秩序、卫生。

7.如不小心损伤图书请及时修补,损害严重及丢失的图书请购买相同的图书送回本馆并告知管理员。

8.本馆积极配合市图书馆开展各项读者活动和业务知识宣传。

9.进入温岭市图书馆微信公众平台可了解更多服务信息和动态。

图书是人类文明的智慧结晶,请各位读者加倍爱护,让我们一起爱护图书!

附录 4　温岭市儿童健康发展基地全年节日活动

类别	时间	节日	课程内容
一、健康素养	3月3日	全国爱耳日	五官保健
	5月8日	世界红十字日	人道主义知识宣传
	6月6日	全国爱眼日	保护视力
	9月12日	世界急救日	红十字救护培训
	9月20日	全国爱牙日	口腔保健
二、重要节日	4月22日	世界地球日	环保小志愿者在行动
	4月23日	世界读书日	读书活动
	6月5日	世界环境日	保护环境从我做起
	7月11日	世界人口日	生命的起源、参观妇保院产检门诊等
	7月1日—8月1日	建党节、建军节	参观烈士陵园、红军小学
三、传统节日	正月初一至正月十五	春节	年味活动
	正月十五	元宵节	汤圆、做花灯
	4月5日	清明节	烈士陵园
	五月初五	端午节	包粽子
	八月十五（农历）	中秋节	赏月、吃月饼
四、孝文化	3月8日	妇女节	制作卡片
	5月的第二个星期日	母亲节	制作康乃馨
	6月的第三个星期日	父亲节	亲子活动
	九月初九（农历）	重阳节（老年节）	赏菊、吃重阳糕、尊老活动
五、非遗文化	全年		灰雕艺术、花灯制作等

参考文献

一、著作

[1] 贝克.认知疗法:基础与应用[M].张怡,等.译.北京:中国轻工业出版社,2013.

[2] 陈世海,詹海玉.西部留守儿童社会工作综合服务体系研究[M].北京:中央编译出版社,2017.

[3] 陈世海.留守儿童社会服务方法[M].北京:中央编译出版社,2015.

[4] 陈旭.留守儿童的社会性发展问题与社会支持系统[M].北京:人民出版社,2013.

[5] 储亚萍.政府购买社区公共卫生服务的合肥模式研究[M].合肥:安徽大学出版社,2014.

[6] 丹尼尔·西格尔.青春期大脑风暴:青少年是如何思考与行动的[M].黄珏苹,译.杭州:浙江人民出版社,2015.

[7] 樊富珉.团体心理咨询[M].北京:高等教育出版社,2005.

[8] 樊立华.基本公共卫生服务均等化理论与实践[M].北京:人民卫生出版社,2014.

[9] 方积乾.卫生统计学[M].北京:人民卫生出版社,2008.

[10] 郭永松,董恒进,曹启峰.公共卫生服务教学理论与方法[M].北京:人民卫生出版社,2015.

[11] 海德·卡杜森、查理斯·雪芙尔.游戏治疗101[M].成都:四川大学出版社,2005.

[12] 意象治疗:心理咨询中的创造性干预[M].邱婧婧,等,译.北京:中国轻工业出版社,2010.

[13] 哈梅芳,哈春芳.我国欠发达地区社区公共卫生服务绩效与其影响因素实证研究[M].北京:中国社会科学出版社,2016.

［14］江立华，符平，等.转型期留守儿童问题研究［M］.上海：上海三联书店，2013.

［15］杰拉尔德·D.奥斯特，帕特里夏.古尔德.科农.绘画心理评估与治疗［M］.2版.南京：东南大学出版社，2013.

［16］林崇德.发展心理学［M］.杭州：浙江教育出版社，2002.

［17］卢家楣，魏庆安，李其维.心理学——基础理论及其教育应用［M］.上海：人民出版社，2004.

［18］李鲁，施榕.社区预防医学［M］.北京：人民卫生出版社，2008.

［19］李明.叙事心理治疗［M］.北京：商务印书馆，2016.

［20］李永强，郝琦.故事咨询师：心理辅导的隐喻操作［M］.北京：清华大学出版社，2014.

［21］李莹星.我国农村基本公共卫生服务供给与需求研究［M］.北京：中国农业出版社，2017.

［22］马多秀.农村德育论——指向留守儿童心灵关怀的学校德育［M］.北京：人民教育出版社，2015.

［23］MILTENBERGER.R.G.行为矫正：原理与方法［M］.石林，等，译.北京：中国轻工业出版社，2004.

［24］苗雪红.儿童精神成长论［M］.上海：上海三联书店，2016.

［25］南方周末.中国留守儿童报告——在一起［M］.北京：中信出版集团，2016.

［26］皮亚杰.发生认识论原理［M］.北京：商务印书馆，1981.

［27］全国社会工作者职业水平考试教材编写组.社会工作综合能力［M］.北京：中国社会出版社，2019.

［28］任运昌.农村留守儿童政策研究［M］.北京：中国社会科学出版社，2013.

［29］申继亮，刘霞.留守儿童与流动儿童心理研究［M］.北京师范大学出版社 2015.

［30］申继亮，李虹，夏勇，等.当代儿童青少年心理学的进展［M］.杭州：浙江教育出版社，1993.

［31］万国威.社会福利转型下的福利多元建构：西部农村留守儿童的实证研究［M］.北京：中国社会科学出版社，2016.

[32] 王美芳.儿童社会技能的发展与培养[M].北京:华文出版社,2003.

[33] 熊侃霞.湖北省基本公共卫生服务均等化问题研究[M].北京:中国社会科学出版社,2016.

[34] 赵俊超.中国留守儿童调查[M].北京:人民出版社,2012.

[35] 周东华,冯占春.中国农村基本公共卫生服务公私合作模式研究[M].武汉:华中科技大学出版社,2017.

[36] 周志建.故事的聊愈力量[M].北京:华夏出版社,2016.

[37] CATHY A. MALCHIODI.儿童绘画与心理治疗——解读儿童画[M].北京:中国轻工业出版社,2005.

[38] J·H·FLAVEL 等.认知发展[M].4 版.上海:华东师范大学出版社,1999.

[39] LISA B. MOSCHINI.绘画心理治疗——对困难来访者的艺术治疗[M].北京:中国轻工业出版社,2013.

二、论文

[1] 刘晓曦,王临虹,王芳.国内外儿童健康干预评价研究的比较与启示[J].中国初级卫生保健,2017(5).

[2] 常青,黄福康.农村留守儿童人格特征初探[J].教育学术月刊,2008(2).

[3] 陈旭,谢玉兰.农村留守儿童的问题行为调查及家庭影响因素[J].内蒙古师范大学学报(哲学社会科学版),2007(1).

[4] 郭荣胜,李鑫元.浅谈医学博士生心理问题分析及对策[J].牡丹江医学院学报,2011(2).

[5] 胡平,孟昭兰.依恋研究的新进展[J].心理科学进展,2000(2).

[6] 黄碧玲.了解儿童认知发展,陪伴儿童健康成长——基于皮亚杰认知发展阶段理论的家庭教育[J].现代职业教育,2017(15).

[7] 雷鹏,陈旭,关幼萌.留守儿童社会支持系统干预模型的建构[J].教育导刊,2010(12).

[8] 李警锐.国外留守儿童保护体系及启迪[J].平安校园,2017(2).

[9] 梁娴,曾伟,叶庆临,成都市促进城乡基本公共卫生服务均等化的实施策略研究[J].中国公共卫生管理,2011(27).

[10] 刘红.农村留守儿童心理健康研究现状和展望[J].山东理工大学学报(社会科学版),2008(1).

[11] 刘晓慧,杨玉岩.中国留守情绪性问题行为与社会支持的关系研究[J].中国全科医学,2012(8).

[12] 刘晓曦,王临虹,王芳,等.国内儿童健康干预评价研究的比较与启示[J].中国初级卫生保健,2017(5).

[13] 刘忠雪,崔文香,金挂花.留守儿童卫生服务利用相关社会学因素——基于社会资本理论[J].中国卫生事业管理,2013(8).

[14] 刘平,杨通华,魏杰,等.留守儿童心理健康状况与社会支持的相关分析[J].贵阳医学院学报,2015(7).

[15] 李朗.非政府组织参与重庆市留守儿童帮扶的问题及对策研究[D].重庆大学2016年硕士学位论文.

[16] 卢利亚.农村留守儿童社会支持网络模式研究[J].湖南师范大学社会科学学报,2012(6).

[17] 罗静,王薇,高文斌.中国留守儿童述评[J].心理科学进展,2009(8).

[18] 刘霞,张跃兵,宋爱芹,等.团体心理辅导对留守儿童心理健康水平的干预研究[J].中国儿童保健杂志,2013(9).

[19] 马良.构建留守儿童的"多元"社会支持系统——对温州市义务教育阶段留守儿童的实证研究[J].华东理工大学学报(社会科学版),2010(5).

[20] 牟珊珊,周志凯.新农合和城镇居民医保对儿童健康的绩效研究[J].社会保障研究,2017(4).

[21] 南秋红.留守与非留守少年儿童健康状况调查研究[J].卫生职业教育,2016(7).

[22] 舒明跃,李从培.父母养育不当与青少年犯罪的相关研究[J].中国心理卫生杂志,1989(1).

[23] 宋义,梁建平,任贞玲,等.西部农村留守儿童身心健康可持续发展模式研究——以重庆留守儿童为例[J].中国体育科技,2017(2).

[24] 唐帆,陈俊珂.农村儿童健康资本投资对经济发展的重要性分析[J].金融经济(理论版),2017(5).

[25] 王家军.埃里克森人格发展理论与儿童健康人格的培养[J].学前教育研究,2011(6).

[26] 王秋香.强势与弱势的错位:农村"留守儿童"社会化问题分析[J].理论

月刊,2007(1).

[27] 巫文辉,周丽英,蔡科,等.农村留守儿童健康问题现状研究[J].当代体育科技,2017(7).

[28] 吴剑明,王薇,石真玉,等.留守儿童身体健康影响因素研究[J].南京体育学院学报(自然科学版),2015(1).

[29] 向青.家园合作对儿童健康发展的影响[J].科技展望,2017(5).

[30] 谢新华,张虹.国外移民留守儿童研究及其启示[J].山东省团校学报,2012(1).

[31] 幸箐筠,钟晓妮,杨国婧,等."留守"对重庆市儿童生存质量的影响[J].第二军医大学学报,2016(4).

[32] 严仲连,韩求灵.加拿大发展社区儿童服务的经验[J].学术界,2017(6).

[33] 杨柳.构建高危儿综合管理模式 促进儿童健康生存与发展[J].中国妇幼保健,2015(17).

[34] 杨青,魏凯.国外儿童权益保护经验之于解决留守儿童的启示[J].农村工作通讯,2013(13).

[35] 杨成兵.城乡公共服务一体化问题探讨[J].贵阳市委党校学报,2010(6).

[36] 姚进忠.立体赋权:农村留守儿童社会支持网络的构建[J].当代青年研究,2012(12).

[37] 余文海.美国的贫困医疗补助制度与美国儿童健康[J].国外医学(医院管理分册),2001(2).

[38] 姚娅婕.增权视角下留守儿童的社会工作介入研究——以 G 村"七色光"学堂为例[J].重庆城市管理职业学院学报,2017(2).

[39] 张保中,许良,等.我国农村留守儿童健康促进策略探析[J].农业考古,2011(6).

[40] 张加能,施长春.社区0—6岁儿童健康管理模式探讨[J].健康研究,2013(3).

[41] 张静靖,唐雪峰,梅榕,等.四川省基本公共卫生服务现状分析[J].职业卫生与病伤,2012(5).

[42] 赵强.澳大利亚政府扶助处境不利儿童接受早期教育与照看研究[J].

教师教育学报,2017(2).

[43] 郑希付.良性亲子关系创立模式[J].湖南师范大学社会科学学报,1998
    (3).

[44] 周欢.儿童健康倡导促动的研究进展[J].中国健康教育,2015(4).

[45] 周宗奎,孙晓军,刘亚,等.农村留守儿童心理发展与教育问题[J].北京
    师范大学学报(社会科学版),2005(1).

[46] 周宗奎.亲子关系作用机制的心理学分析[J].西南师范大学学报(哲学
    社会学版),1997(2).

[47] 朱静.3—6岁儿童社会技能发展的影响因素及对策研究[J].早期教育
    (教师版),2014(9).

[48] GROSSMANN,K. E.. Old and New Working Models of Attachment
    [J]. Attachment and Human Development,1990(1).

[49] ANGELIKE, L., Grigoris K. The Relationship of Parental
    Attachment and Psychological Sepation to the Psychological
    Functioning of Young Adults[J]. ournal of Social Psychology, 2000
    (4).

[50] Poortinga, Wouter. Social Capital:An Individual or Collective
    Resource for Health? [J]. Social Science & Medicine,2005(62).

三、政府文件

[1] 国家卫计委.做好农村留守儿童健康关爱工作的通知.[Z].2016.

[2] 国务院.中国妇女发展纲要和中国儿童发展纲要.[Z].2011.

[3] 国务院.关于加强农村留守儿童关爱保护工作的意见.[Z].2016.

[4] 国务院.国家贫困地区儿童发展规划(2014—2020年).[Z].2014.

[5] 国务院.关于发展城市社区卫生服务的指导意见.[Z].2016.

[6] 全国妇联.我国农村留守儿童状况研究报告.[Z].2012.

[7] 卫生部.中国0—6岁儿童营养发展报告》.[Z].2012.

[8] 温岭市人民政府办公室.关于切实加强农村留守儿童关爱保护工作的实
    施意见.[Z].2017.

[9] 温岭市人民政府办公室.温岭市关爱农村留守儿童工作实施方案.[Z].

[10] 浙江省人民政府办公厅.关于加强农村留守儿童关爱保护工作的实施
    意见[Z].2016.

［11］中华人民共和国国民经济和社会发展第十二个五年规划纲要.
　　　［Z］.2016.

［12］中共中央国务院关于深化医药卫生体制改革的意见.［Z］.2009.

后　记

　　2015 年，温岭市卫生局和计划生育局由于机构改革合并改名为温岭市卫生和计划生育局。趁着改革的浪潮，我有幸接手了妇幼健康与家庭发展工作，开始思考妇幼健康和家庭发展工作的融合发展。2016 年，由卫计部门牵头联合市妇联、市红十字会、市计生协会创新建立村级儿童健康发展基地，在探索村级儿童健康发展服务模式的实践过程中，引发了对温岭市儿童健康存在哪些问题、儿童健康发展促进体系如何建设的思考。留守儿童和困境儿童作为儿童的特殊群体进入探索者们的视线。

　　温岭市在农村儿童健康发展服务模式上的积极探索，得到了台州市卫生健康委的倾力指导，并于 2017 年在台州市范围内推广应用，也得到了浙江省卫生健康委妇幼健康处张万恩处长的肯定："国家肯定浙江的农村儿童健康服务模式，在全国范围内推广浙江经验，浙江经验就是温岭经验。"感谢各级卫生健康委的指导，而这些肯定更让我们信心大增。

　　正是因为有了村级儿童健康发展服务平台，所以我们着手开展儿童重点人群研究。2017 年底至 2018 年初完成了留守儿童健康调查，在数据资料积累的同时，进行数据分析处理，并对农村儿童健康促进体系建设进行总结反思，书稿初具雏形。大多数人会把农村留守儿童和落后、贫穷这些词语联系在一起，毕竟我国西部经济落后地区产生了大量的农村留守儿童，并认为在东部经济较发达地区农村留守儿童的问题应该不太有，至少问题比较少。而我们的研究恰恰证实了东部经济较发达地区的留守儿童同样存在这样那样的问题，于是我们萌发了要做进一步的干预研究的念头。

　　2018 年对健康调查涉及的部分 7—12 岁组留守儿童开展心理健康干预研究。2019 年对接启动国家农村儿童健康发展项目，重点改善 3 岁以下儿童的健康和发展状况。至此，温岭市在农村儿童健康发展模式中的探索迎来了新的机遇，温岭市对农村儿童的健康干预已从之前的个体干预发展成家庭综合干预，从单一机构干预发展成多家机构协同干预，且覆盖面更广。这为温岭市包括留守儿童在内的广大农村儿童带来更多的福音。

感谢温岭市卫生健康局和温岭市妇幼保健院领导对科研工作的支持！研究创作的过程充满艰辛，有了支持和鼓励，也就有了信心和动力。感谢两位教授的亲力指导！南开大学谭融教授为书稿的撰写注入了很多思考，《理论与现代化》杂志主编宋奇教授教会了我很多写作的技巧。本书共分为七章，其中第三章中温岭市农村留守儿童健康发展案例的有关调查设计和统计分析是在温岭市流行病学专家黄宝定主任医师的指导下完成的，第四章第三节由心理咨询师叶志林先生撰写，感谢两位专家为本书所做的贡献。同时，也感谢陈素清、朱雅萍两位好友，她们为本书搜集了大量文献资料。

本书从开始研究到创作完成，整个过程也凝聚了各部门领导和业内同事的心血，参与的部门单位有市红十字会、市妇联、市计生协会、市教育局、温岭团市委、市关工委、市民政局、市图书馆等，参与的同事有刘芬琴、郑淑红、陈爱君、张力尹、周爱萍、江巧燕、陈美群、林琪、金庆华、赵志丹、吴岚、江海红、阮存荣、陈驰、陈偲昀、胡晨声、朱国兵、朱彩红、潘勤佳、林瑞俊、沈颖辉、林晶晶、林雪飞、将希、林香君、孙晓燕、江海洪、韩慧敏、高妹玲、朱青青、张琪杰、李丽华等。他们在拓展我的研究思路，调查问卷的设计、发放和收集，以及数据的校正、录入和分析等环节中发挥了非常重要的作用。

由于撰写者水平有限，书稿虽完成了，但文中不免有疏漏，很多表达还不够精准，希望各位专家和读者不吝赐教。

吴雪文

2020 年 3 月 12 日